EIN LIBERALES MANIFEST

AF387581

Dr. Michael von Prollius ist Publizist und Gründer von *Forum Freie Gesellschaft*, einer Internetplattform, die für eine Ordnung der Freiheit wirbt.

Michael von Prollius

EIN LIBERALES MANIFEST

Sieben Prinzipien
und einige Klarstellungen

edition g. 124

FSC
www.fsc.org
MIX
Papier aus ver-
antwortungsvollen
Quellen
Paper from
responsible sources
FSC® C105338

Originalausgabe
zweite, durchgesehene Auflage 2024

edition g. 124

Herstellung und Verlag:
BoD – Books on Demand, Norderstedt

© 2022, 2024 Michael von Prollius

Umschlag und Satz: Stefan Blankertz
editiongpunkt.de

Umschlagbild:
Mont Sainte-Victoire, Paul Cézanne, 1904
Philadelphia Museum of Art
gemeinfrei via The Yorck Project

ISBN 978-3-7534-5770-3

INHALT

VORREDE

Liberalsein ist *en vogue.* Liberal möchte heute fast jeder sein, zumindest weltoffen und tolerant. Wir leben doch in einer liberalen Gesellschaft. Na klar, oder? Was bedeutet liberal überhaupt? Dieses Manifest bietet Orientierung. Es enthält **sieben Prinzipien**, die den Kern eines **konsequenten Liberalismus** ausmachen. Zugleich kann man es als Plädoyer gegen allgegenwärtige Pseudoliberalität, gegen Befürworter eines allzuständigen Staates sowie gegen bevormundende Politik und Haltungsmoralismus in allen Lebensbereichen lesen. Wir Menschen wissen selbst am Besten, wie wir ein gutes Leben führen, und wir wissen es besser als jemand in einer Amtsstube oder in einer nicht-staatlichen Lobbyorganisation, die erfolgreich Kampagnen organisiert. Allerdings müssen wir die dafür benötigte Freiheit heute vielfach erst wieder zurückgewinnen.

Man kann dem Buch dies abgewinnen: Ein gelingendes Leben und ein gelingendes Zusammenleben ruhen auf sieben Prinzipien, zu denen Freiheit, Privatheit, Eigentum und die Gleichheit aller Menschen unter dem Recht gehören. Ohne die Achtung dieser Prinzipien ist auch ein gutes Zusammenleben in Nachbarschaft, Gemeinde und Stadt sowie in einer großen Gesellschaft und einer Nation, geschweige denn in Europa nicht dauerhaft möglich.

Manch einer wird es so lesen: Politik funktioniert derzeit über einen Mechanismus, der gut organisierte und wohlinformierte Teile der Bevölkerung begünstigt, während die passiven, nicht-informierten Bürger die Kosten tragen. Die Mietpreisbremse ist ein aktuelles Beispiel von vielen. All das folgt einer kurzfristigen statt einer langfristigen Sicht. Gegen diesen alltäglichen Zynismus politischer Praxis wendet sich das Buch. Es ist ein Plädoyer für Politik als eine öffentliche Angelegenheit, die klaren, überprüfbaren Prinzipien folgt und die nicht leichthin aus pragmatischen Gründen aufgeweicht werden.

Schließlich ist das Buch ein liberales Brevier, das echtes Liberalsein von **Schein- und Lifestyle-Liberalen** genauso abgrenzt wie von illiberaler Toleranz gegenüber vermeintlichen politischen Verbündeten. Ich zeige, warum es sich lohnt, zurück zu den Wurzeln zu gehen. Liberalsein ist im Kern zeitlos und muss nicht durch modische Wendungen zur Sozialdemokratie als positive Freiheit oder einen vermeintlich zeitgemäßen Liberalismus verwässert werden. Zugleich ist Wachsamkeit angebracht, sobald Liberalismus den Linken oder den Konservativen nahestehen soll oder diese gar als natürliche Verbündete angesehen werden. Unterschiedliche Begriffe sind dazu da, um unterschiedliche Inhalte zu benennen.

Liberale streben danach, Willkür respektive Herrschaft zu verringern, um Freiheit zu gewährleisten. Liberale sind zugleich Humanisten: »*Die Freiheit hat einzig deshalb unschätzbaren Wert, weil sie unserem Geist angemessene Einsicht, unserem Charakter Stärke, unserer Seele Schwung verleiht*«, erkannte der Lausanner Staatstheoretiker und Politiker Benjamin Constant vor 200 Jahren. Im Mittelpunkt des Liberalismus steht stets der Mensch, seine Freiheit und sein Wohlergehen sowie seine bestmögliche Entwicklung.

Ein Comeback des Liberalismus steht aus. Das mag im politischen Parteiensystem daran liegen, dass eine liberale Partei im Grunde ein Widerspruch in sich ist, wenn sie Partei für einige ergreift, aber nicht für alle. Eine konsequent liberale Partei wäre die Partei aller Bürger. Denn Liberalismus ist eine Weltanschauung und eine Gesellschaftsordnung, die ohne Unterschied der Person für alle Menschen die gleiche Freiheit und das gleiche Recht fordert. Folglich gelten die gleichen allgemeinen Rahmenbedingungen, dieselben Spielregeln. Das Ergebnis steht nicht im Vorhinein fest. So eröffnen sich allen Menschen Chancen und es entstehen viele ungeahnte Neuerungen.

Das Hauptanliegen des Liberalismus ist: Es soll den Menschen gut gehen. Daher engagieren sich Liberale für ein besseres Verständnis der Institutionen einer freien Gesellschaft. Die Institutionen machen den Unterschied: offene oder geschlossene Gesellschaft. Die Institutionen der Gesellschaft unterschieden sich von denen des überschaubaren Alltags in der Gemeinde und im Kiez. Liberale schauen auf den Koordinationsprozess, der für alle so frei von Hindernissen sein soll wie möglich, nicht aber auf die Ergebnisse und deren Umverteilung nach einzelnen Gruppeninteressen. Das Analysieren und Erläutern der Bedeutung von Märkten und freiem Handel weltweit gehört als Lösung nicht nur wirtschaftlicher, sondern vor allem sozialer Probleme ganz wesentlich dazu.

Warum hat konsequentes Liberalsein es schwer? Das mag daran liegen, das ernsthaftes liberales Gedankengut anspruchsvoll ist, bislang vor allem auf die Vernunft setzt und emotional unterkühlt erscheint. Liberalsein ist kein Lifestyle. Jeder Liberale kann seinen eigenen Stil entwickeln, aber Liberalismus lässt sich nicht auf eine Haltung reduzieren. Liberalsein ist minimalistisch, das gilt auch für den Staat, und maximalistisch was den Menschen in all seiner Vielfalt betrifft. Inzwischen gibt es zwar eine kleine, wachsende Szene Liberaler, die jung und alt zusammenbringt. Allerdings bleibt die Zahl der konsequenten Liberalen gering, während Flirts mit links und rechts dem Liberalismus schaden.

Liberalsein beruht auf guten, zeitlosen Institutionen und kann mit einer guten Haltung einhergehen. Das gilt mit Immanuel Kant für die »*Liberalität der Denkungsart*« und darüber hinaus für den Umgang mit anderen Menschen und deren Sichtweisen. Zugleich lässt sich Liberalität nicht auf Toleranz und Offenheit reduzieren. Liberalismus ist vor allem eine **Ordnung**, die für das Zusammenleben der Menschen und ihr Wohlergehen nachweislich gut funktioniert. Die Take-off-Phase der Menschheit in der Mitte des 19. Jahrhunderts mit dem Übergang zum Wohlstand für die Massen und einer nicht mehr durch die Geburt bestimmten Lebensperspektive gehört zur Epoche des Liberalismus. Die liberale Ordnung ist sehr flexibel, sie lässt sich einfach reparieren und bietet allen Geisteshaltungen und politischen Positionen viel Raum für ein gutes Leben.

Im Hauptteil des Manifests werden **sieben Prinzipien** erläutert, die eine wirklich freie Gesellschaft sowohl kennzeichnen als auch wieder ermöglichen.

Jeder einzelne **Mensch** ist das Maß aller Dinge. Liberale betrachten die Welt vom Individuum aus, blicken auf sein Handeln und die Interaktionen mit anderen Menschen. Jeder Mensch ist wichtiger als ein Kollektiv.

Die **Freiheit** ist der Sauerstoff des Lebens. Freiheit ist die Voraussetzung für persönliche Entfaltung, für Wohlfahrt und für Glück. Der Schutz der Freiheit des Bürgers vor dem Staat besitzt für Liberale eine herausragende Bedeutung.

Das **Eigentum** ist das Fundament auf dem das Leben ruht. Privateigentum und das uneingeschränkte Verfügen darüber sind gelebte Freiheit, ermöglichen Privatsphäre und Selbstbestimmung und sind die nicht zu ersetzenden Voraussetzungen für die Marktwirtschaft.

Das **Recht der Freiheit** herrscht über jedermann. Die Herrschaft des Rechts bindet alle Menschen ausnahmslos, explizit die Herrschenden, um ein Leben in Freiheit für jeden Menschen zu gewährleisten. Die Masse des Rechts entsteht für Liberale aus den Konventionen, die sich bilden, wenn Menschen miteinander im Austausch stehen, um ein besseres Leben zu führen.

Privatheit ist gelebte Freiheit. Die Privatsphäre ist der Raum für die freie Entfaltung des Menschen, unbehelligt von anderen. Privatheit stellt die unabdingbare Sphäre menschlicher Freiheit dar. Privateigentum und Privatheit sind zwei Seiten derselben Medaille und benötigen den Schutz des Rechts.

Die **spontane Ordnung** macht uns groß – als ungeplantes Ergebnis zwischenmenschlicher Interaktion, als Entdeckungs- und Vielzweckverfahren, das sich niemand ausdenken könnte. Die unsichtbaren Hände vieler sind weitaus erfolgreicher als die starken Fäuste weniger. Nicht gezielte Organisation von Wirtschaft und Gesellschaft weniger Experten verbessern unser Leben, sondern unzählige ungeplante Bemühungen vieler Menschen.

Der **Minimalstaat** ist das Maximum, weil er sich auf die Sicherung von Frieden und Freiheit konzentriert und nicht zum Spielball wechselnder Interessenkoalitionen wird. Mit seinen Privilegien als Gewaltmonopolist stellt der Minimalstaat sowohl eine ständige Bedrohung der Freiheit dar als auch deren Garant.

Die Perspektive dieses Mainfests ist die klassisch liberale. Offenkundig gibt es viele liberale Strömungen. Liberalismus wird von Liberalen vorwiegend individuell betrachtet, Gruppenbildung findet auch bei hier und dort statt. Das eint und trennt Liberale. Im Mittelpunkt des Manifests steht ein liberaler Kern aus einer gleichermaßen klassischen wie zeitlosen Perspektive – in Abgrenzung zu anderen Strömungen. Klassisch liberale Generalisierungen sollen hier abgrenzen, sie dienen dem Unterscheiden. Das Manifest ist dementsprechend hin und wieder pointiert formuliert und weniger abwägend oder vermittelnd. Die Grenzziehung dient zwar dem Unterscheiden, aber nicht einer Freund-Feind-Einteilung.

Andere Prinzipien hätten auch einen Platz finden können, zum Beispiel Toleranz. Toleranz lässt sich jedoch primär als eine Tugend begreifen. Außerdem kann Toleranz ein Aspekt in verschiedenen Prinzipien sein, darunter Individuum, Freiheit und vor allem dem aus Konventionen gewonnenen Recht.

Der sich an die Prinzipien anschließende Essay »**Liberal oder nicht liberal, das ist hier die Frage**« greift zunächst noch einmal die Frage auf, was Liberalismus ist, um ihn dann von anderen politischen Strömungen abzugrenzen – von Libertären, Konservativen und Demokraten. Neben Freiheit werden die Aspekte Moral, Gerechtigkeit, Gleichheit, Ungleichheit und Kritik des Minimalstaats sowie die soziale Frage thematisiert.

Skizziert wird schließlich das **Gerüst einer klassisch liberalen Staatsreform.** Die Skizze enthält Grundlegendes wie eine Verfassung der Freiheit und Einzelaspekte zur Eindämmung und zum Rückbau des Staates. Sie schließt mit dem Bekenntnis »Small ist beautiful« als Lob für kleine, überschaubare, menschengemäße politische Einheiten mit großer Selbstverwaltung.

Im gesamten Manifest geht es nicht um den Entwurf einer Blaupause für Politik, Wirtschaft und Gesellschaft. Das Manifest sollte auch nicht so gelesen werden, dass die ideale Welt genauso aussehen würde wie skizziert. Vielmehr werden klassisch liberale Prinzipien für eine bessere Welt zusammengeführt, die Philosophen, Ökonomen, Juristen und andere Denker über Jahrhunderte hinweg hervorgebracht haben. Soziales, Gesellschaft, Wirtschaft und Politik, Recht sowie menschliches Handeln bilden für Liberale einen untrennbaren Zusammenhang.

Das Ergebnis ist eine liberale Utopie im besten Sinne. Bei Unternehmen und insbesondere Start-ups würde man von einer Vision sprechen. Ein zeitloses Bild der Zukunft entsteht, das beschreibt, wo es hingehen soll. Idealerweise entwickelt sich ein gemeinsames Verständnis, das Kräfte freisetzt. Diese liberale Utopie ist idealistisch und altruistisch und fordert zu enormen Anstrengungen auf.

Die wohl fundierte und Praxis bewährte Absicht Liberaler richtet sich auf die geeigneten Mittel, die das Leben der Menschen verbessern. Das ist wesentlich Hilfe zur Selbsthilfe durch bessere institutionelle Rahmenbedingungen. Hinzu kommt das tiefe Verständnis komplexer Ordnungen, die sich nicht mit allerlei Vorschriften einer allzu simplen Gesellschaftsklempnerei verbessern lassen. Liberale lieben Freiheit, weil sie wissen, dass Freiheit die Essenz eines guten Lebens ist. Passend dazu könnte das Motto eines modernen und zeitlosen Liberalismus lauten: *Wer die Freiheit liebt, ist mit sich selbst und seinen Mitmenschen im Reinen.*

Fürstenberg, im September 2021
Michael von Prollius

1. PRINZIP

JEDER EINZELNE MENSCH IST DAS MASS ALLER DINGE

Das Wesen der Freiheit eines Individuums ist die Möglichkeit, von den traditionellen Handlungsweisen abzuweichen.
Ludwig von Mises

Wer sich selbst liebt, der ist mit sich und anderen Menschen im Reinen. Wer zunächst an sich denkt, kann anschließend auch an andere Menschen denken. Wer sich mit sich selbst als Individuum beschäftigt und in anderen Menschen Mitmenschen sieht, der kann in individuellen, persönlichen statt kollektiven, abstrakten Kategorien auf die Welt blicken. Wer sich erkennt, sieht Konflikte nicht zuletzt als Konfrontationen mit sich selbst.

Genau das tun Liberale. Sie schauen auf sich und um sich und sie sehen individuelle Menschen, nicht Kollektive, die nach Nation, Rasse, Geschlecht, Ökobilanz, Impfstatus oder Wohlstand kategorisiert werden. Damit fällt es schwerer, andere Menschen geschweige denn Menschengruppen zu hassen oder diese als unselbständig, betreuungsnotwendig und verführbar zu betrachten.

Der Liberale denkt so: Jeder Mensch ist seines eigenen Glückes Schmied. Jeder Mensch hat seine persönlichen Fähigkeiten und kann die sich ihm bietenden Möglichkeiten nutzen. Die Fähigkeiten unterscheiden sich, lassen sich mit anderen kombinieren, so dass sich Menschen ergänzen und zusammen mehr erreichen. Das gilt für den Beruf und für die Familie, für die Nachbarschaft und die Freizeit, ob handwerklich oder geistig, künstlerisch oder kulinarisch.

Allerdings bleibt keine Wahl ohne Reue. Sei es, dass jeder Mensch die Konsequenzen seines Handelns selbst verantwortet, sowohl im glücklichen Fall eines Erfolgs als auch im weniger glücklichen Verlauf eines Misserfolgs. Außerdem bietet sich häufig eine Wahlalternative und diese erscheint zuweilen vorteilhafter zu sein. Das kann selbst die Partnerwahl einschließen. Die Kosten einer jeder neuen Wahlentscheidung bestehen darin, etwas anderes nicht gewählt zu haben. Dennoch kann nur der einzelne Mensch selbst seine Bedürfnisse verfolgen. Vermeintlich besserwissende Dritte können allenfalls beraten, aber nicht den inneren Abwägungsprozess treffend imitieren. Bei der Partnerwahl ist das offenkundig, gilt aber genauso für Konsumgüter. Das Wert schätzen, das Bilden von Präferenzen und Rangfolgen ist ein zutiefst individueller Akt. Nudging hat folglich keinen Platz im liberalen Weltbild. Erst die Schädigung anderer berechtigt zum Eingreifen in individuelles Handeln.

NÜCHTERN, EHRLICH, KLAR, UNPARTEIISCH

Liberalsein ist kein Versprechen. Liberale versprechen weder, dass jeder Mensch sich optimal entwickeln kann, noch dass es hinreichende Bedingungen geben muss oder auch nur geben könnte, damit sich jeder Mensch in Freiheit gut entwickeln kann. Liberale sind Realisten. Hindernisse und mangelnde Realisierungsmöglichkeiten lauern in vielen Leben und an vielen Ecken. Das ist eine nüchterne, aber ehrliche Haltung. Es wäre naiv zu glauben, weil wir etwas besser tun könnten und weil wir es einfach fordern, würde es auch so kommen. Eine Weltanschauung oder eine Lebenshaltung, die jedermann tatsächliches Glück und Wohlfahrt in Aussicht stellen, ist verführerisch, unrealistisch und unehrlich. Liberalismus ist kein Betreuungswerk für die Massen. Gleichwohl gilt, was Ludwig von Mises 1927 betonte: *»Der Liberalismus hat immer das Wohl des Ganzen, nie das irgendwelcher Sondergruppen im Auge gehabt.«* Deshalb sind Liberale Anhänger **freiwilliger Solidarität** – anders ist es aus liberaler Perspektive gar nicht möglich, denn befohlene oder moralisch erpresste Solidarität mit einer heute zumeist als Opfer deklarierten Gruppe ist lediglich schlecht kaschierter Gruppenegoismus. Außerdem gilt für Liberale: Man mischt sich nicht in die Angelegenheiten anderer Menschen ein. Und: Man muss nicht von anderen Menschen gemocht werden. Freiheit bedeutet auch, die Freiheit von anderen Menschen nicht gemocht zu werden.

Ein Blick auf die jährlich erscheinenden Freiheitsindices

zeigt, dass es allen Menschen, gerade den Ärmsten, in den freiesten Gesellschaften am relativ besten geht. Das gilt überwiegend auch in kleinen Staaten. Liberale fragen: Wie viel besser würde den Menschen in einer wirklich freien Gesellschaft gehen?

Im Übrigen wird in politisch autoritären Systemen mit hohen wirtschaftlichen und sozialen Freiheitsgraden der zunehmende Wohlstand nicht von privilegierten Parteikadern und Regime treuen Bürokraten erarbeitet. Wohlstand entsteht dort trotz autoritärer politischer Führung. Schließlich weisen Liberale nüchtern auf den Fortschritt hin, also den zeitlichen Vergleich von Wohlstandsniveaus. Das Ergebnis: Die Superreichen im Jahr 1900 hatten einen Lebensstandard, den heute fast jedermann hat. **Nicht Verteilung, sondern Entwicklung** ist die angemessene Perspektive.

INDIVIDUELLE FREIHEIT, INDIVIDUELLES HANDELN

Für den Liberalen kann nur das Individuum handeln. Dabei gilt, was der führende Managementtheoretiker und -praktiker Reinhard K. Sprenger zeitlos treffend wie folgt formulierte: »*Was den ›freien Menschen‹ ausmacht, ist nicht die Maximierung seiner Möglichkeiten, sondern das Bewusstsein seiner Wahlentscheidungen und die Bereitschaft, Verantwortung für die Konsequenzen dieser Entscheidungen zu übernehmen, die Kosten, die mit jeder Wahl verbunden sind, anzuerkennen. Während äußere Freiheit eine Größe ist, die sich aus rechtlichen, sozialen und politischen Umständen zusammensetzt, beschreibt innere Freiheit einen Zustand, in dem der Mensch seine eigenen ihm zur Verfügung stehenden Möglichkeiten nutzt, um auszuwählen. Darin liegt seine Freiheit. Und mit ihr die Voraussetzung für ein gelingendes Leben.*«

Freiheit ist die erste und nicht ersetzbare Voraussetzung für ein gelingendes Leben. Ohne Freiheit ist alles Handeln nichts. Ich komme darauf später ausführlicher zurück.

Liberalsein setzt lediglich »*ein gewisses Minimum an Fähigkeit voraus, zu lernen und vorauszudenken und sich durch eine Kenntnis der Folgen des Handelns leiten zu lassen*«, wie der Sozialphilosoph und Ökonom Friedrich August von Hayek in seiner Verfassung der Freiheit schrieb. Jeder kann also liberal werden, wie Hunderttausende einfache Menschen Mitte des 19. Jahrhunderts, die auf Marktplätzen und in Versammlungshallen in England, angeführt von den Manchesterkapitalisten, mit der Anti-Getreidezoll-Liga für Freiheit und gegen Privilegien eintraten.

FREIHEIT ALS PRINZIP

Freiheit ist ein Wert. Für Liberale ist es der höchste Wert. Allerdings sehen sie ihn nicht nur als Wert, sondern als **Ordnungsprinzip** von Politik, Wirtschaft und Gesellschaft. Liberale sind überzeugt, dass in einer **Ordnung der Freiheit** jedes Individuum nach seiner Wertefacon leben und glücklich werden kann. Da Werte Teil einer heteronomen Moralvorstellung sind, gehen Liberale nicht mit Werten hausieren. Inzwischen ist es allerdings längst überfällig, leidenschaftlich Freiheit zu predigen. Und sei es nur, um die Freiheitserosion zu verlangsamen. Solange die Individuen sich und ihre Freiheitssphäre achten, ist Platz für unterschiedliche Werte nebeneinander.

Das bedeutet indes nicht, dass damit über den Menschen aus liberaler Perspektive alles gesagt wäre oder es bei einer abstrakten Ordnung freier Individuen bliebe, die isoliert nebeneinander leben. Vielmehr lassen sich mit Kant liberale Ansprüche an einen Menschen formulieren. Diese bestehen nicht aus konkreten Werten, sondern in einem Entwicklungsanspruch: **Der selbständig denkende und handelnde Mensch ist das Leitbild.** Ein derart aufgeklärter Mensch zeichnet sich durch charakterliche Leistungen aus. Ein Charakter wird geformt. Am Anfang steht das Disziplinieren in der Erziehung. Der Mensch soll nicht Opfer seiner Launen werden, sondern die Fähigkeit entwickeln, selber Ziele, Mittel und Wege für sein eigenes Leben zu wählen. Wem das zu abstrakt klingt, der sei auf das Supermodell Giselle Bündchen verwiesen, deren Lebenslehren in Buchform mit dem alles überragenden Kapitel Disziplin beginnen. Oder schauen Sie sich die Erfolgsgeschichten von Sportlern gerade aus einfachen Verhältnissen an.

Dem Disziplinieren folgt das Kultivieren, das ist das Erlernen der Grundkenntnisse wie Lesen, Schreiben, Rechnen und von zeitlosem Grundwissen. Ziel ist es, offen sein zu können, für das, was sich in einer stetig verändernden Welt bietet.

Der dritte Schritt ist das Zivilisieren. Damit ist der Bürger gemeint, der ökonomisch auf eigenen Füßen steht, sich bildet und ausgebildet wurde, der arbeitet und seine Freizeit genießt. Der Bürger ist mehr als ein Staatsbürger, nämlich ein Teil der res publica, der politischen Öffentlichkeit, die zunächst ohne Staat auskommt.

Schließlich gehört viertens eine (freiheitliche) Moral zum selbständig denkenden Menschen dazu. Mit Otfried Höffe heißt das: *»Ehrlichkeit, Fairness, Mitgefühl und soziale Verantwortung.«* Nicht minder wichtig seien Charaktereigenschaften für ein erfolgreiches Leben, vor allem Kooperation und Konkurrenz. Menschen erfreuen sich an ihren Leistungen. Leistung macht glücklich. Selbst das Glück liegt im Handeln des Menschen, im Flow des Aktivseins, in das wir uns vertiefen und unsere Aufmerksamkeit ganz der Aufgabe widmen, welche auch immer das ist. Schließlich liegt Glück in der Freude, nicht im Vergnügen.

FREIHEIT, SELBSTSTÄNDIGKEIT, VERANTWORTUNG

Selbstständigkeit und selbständige Menschen verkörpern geradezu das Liberalsein. Selbständigkeit und Eigenverantwortung gehören zusammen. Selbständige sind unabhängig und organisieren Arbeit effizient und effektiv. Als Unternehmer wagen sie Neues, entdecken andere und neue Wege. Sie unternehmen und engagieren sich für etwas, und sei es im Kleinen, sehr alltäglich. Unternehmer verbessern das Leben ihrer Mitmenschen. Selbständige Menschen bilden das Fundament einer fruchtbaren Gesellschaft. **Ohne Selbständige gibt es keine freie Gesellschaft.** Wenn es nur Staatsdiener und Konzerne mit Tarifangestellten sowie Mitarbeiter von Nichtregierungsorganisationen gibt, steht der bürokratische Autoritarismus nicht mehr nur in der Tür.

Bei aller Selbstständigkeit gehen Liberale von unvollkommenen Menschen aus. Der Liberalismus ist eine Ordnung für unvollkommenen Menschen. Der Soziologe Erich Weede schrieb: »*Offensichtlich ermöglicht nur individueller Freiraum und nicht die Verklärung des Konsenses Innovationsspielräume oder die Chance zur Überwindung von Irrtümern oder unwirtschaftlichen Produktionsweisen.*« Zur Unvollkommenheit gehört auch die Akzeptanz, dass wenn nicht alle Probleme, dann mindestens sehr viele Probleme, zwischenmenschlich sind.

Das Individuum ist für Liberale nie allein. **Jeder einzelne Mensch ist das Maß aller Dinge.** Kooperation entwickelt sich von selbst. Das ist praktisch, theoretisch, auch spieltheoretisch, hinlänglich bewiesen. Die Ethik der Kooperation ist essentieller Bestandteil einer freien Gesellschaft, die keine politischen Grenzen kennt.

Da die eigene Freiheit eines jedes Menschen zugleich Teil der großen Freiheit aller Mitmenschen ist, besitzt die individuelle Mäßigung eine wesentliche Bedeutung. Wer sich mäßigt, tut das, weil es ihm guttut und weil es im Leben mit anderen Menschen sinnvoll ist.

2. PRINZIP

FREIHEIT IST DER SAUERSTOFF DES LEBENS

Paradoxerweise lernen wir nur, mehr wir selbst zu werden, wenn wir frei und um der Sache selbst willen handeln und nicht aus niedrigen Beweggründen.
Mihaly Csikszentmihalyi

Freiheit bedeutet, ich kann alles tun, was anderen nicht schadet. Freiheit herrscht, wenn mir andere Menschen keine Hindernisse in den Weg stellen. **Freiheit muss nicht begründet werden.** Jede Beschränkung von Freiheit muss begründet werden. Jede! Und die Masse der Begründungen taugt für Liberale bisher nicht.

Freiheit bedeutet **Selbstbestimmung.** Freiheit ist zugleich **Selbstverpflichtung,** nämlich die Freiheit anderer nicht zu beeinträchtigen und letztlich auch, das Beste aus meiner Freiheit zu machen. Immer wieder gilt, Menschen gehen nicht verantwortungsvoll (genug) mit ihrer Freiheit um. Dafür gibt es indes keine einfache Lösung. Freiheit bedeutet zudem **Freiwilligkeit.** In der Freiwilligkeit kommen die Freiheit und der freie Wille zusammen, die mit Zwang und Unterwerfung unvereinbar sind. Freiwilliges Handeln begründet Recht.

Der Liberale weiß, Freiheit ist eine unbequeme Idee. Freiheit ist anstrengend, weil sie mit **Selbstverantwortung** verbunden ist. Wem fällt es nicht leichter, jemanden für die eigene mangelnde **Selbstverwirklichung** verantwortlich zu machen oder für das eigene Fortkommen zu allererst fremde Hilfe zu fordern, statt die eigenen Ärmel hochzukrempeln? Vor allem »der Staat« ist die große Fiktion, die uns in allen Lebenslagen helfen soll. Politiker versprechen für nahezu jedes tatsächliche und erdachte Problem eine staatliche Lösung. Wähler spornen sie dazu an. Lobbygruppen formen die politische Agenda. Mehr als die Hälfte des Bundeshaushalts wird allein für Soziales ausgegeben. Inklusive aller Schattenbeträge waren das 180.000.000.000 Euro im Haushalt 2019, die allein die Bundesregierung einer Minderheit, den Steuerzahlern, nimmt und verschiedenen Gruppen gibt. Ist das der Weg zu einem besseren Leben? Und zu mehr Freiheit? Wenn der Nachbar meine Wünsche bezahlt, als Steuerzahler.

Freiheit ist im Liberalismus zu allererst die Freiheit des Individuums vom Staat. Das ist keineswegs herzlos. *»Denn eine Gesellschaft mit Herz drückt sich nicht in der Fülle staatlicher Macht oder im Sozialismus aus, wie oft unterstellt wird, sondern im Ausmass der Freiheit, der Eigenverantwortung und der freiwilligen Solidarität«*, wie der Schweizer Publizist und Ökonom Pierre Bessard betont. Wichtig ist, noch einmal zu betonen: Für Liberale ist Freiheit zu allererst Freiheit des einzelnen Menschen vor den Übergriffen des Staates mit seinen Privilegien. Wem das in demokratisch-rechtsstaatlichen Gesellschaft heute zu abstrakt erscheint, der mag sich als Unternehmer betätigen, sich mit dem chinesischen Überwachungsstaat beschäftigen oder den Alltag von Menschen in Venezuela, Ägypten, Saudi-Arabien und vielen anderen unfreien Ländern erleben. Man muss allerdings längst nicht in die Ferne schauen, um konkrete Tatbestände zunehmender Freiheitsbeschränkung zu erleben – und das nicht erst seit der Corona-Politik und dem Netzwerkdurchsuchungsgesetz.

Freiheit ist im Liberalismus zugleich die Freiheit von ungerechtfertigtem Zwang anderer Menschen, die nicht der Regierung angehören. Die Privatsphäre besitzt überragende Bedeutung. Sie ist der Schutzraum vor dem Staat und den Mitmenschen. Ohne Freiheit keine Privatheit. Das gilt auch umgekehrt.

FREIHEIT ALS GLÜCKSELEXIER

Freiheit ist nicht nur eine Herzenssache, sondern eine unabdingbare Zutat für Glück. Wie kann das sein? Glücklich sein speist sich maßgeblich aus Sinn. Sinn lässt sich nur persönlich konstruieren. Das gelingt uns dann, wenn wir in der Lage sind, unsere eigenen Bedürfnisse und Ziele benennen und verfolgen zu können, und zwar ohne, dass diese durch Dritte überlagert oder verzerrt werden. Letztlich geht es darum, allen unseren Aktivitäten im Leben einen zusammenhängenden Sinn zu geben, also unsere Teilaktivitäten sinnvoll zu verknüpfen. Das ist prinzipiell für jeden Menschen möglich, ob reich oder arm, ob intelligent oder dumm. Nicht Vergnügen und Ablenkung machen glücklich, sondern das Bewältigen von Herausforderungen, die selbst gesteckten Zielen dienen und unseren Fähigkeiten entsprechen. Wahre Ziele können Menschen aber nur selbst wählen. Wahlfreiheit ist daher unerlässlich. Glück ist das Resultat erfolgreicher freier Tätigkeit, Freude entsteht nicht zuletzt durch das Erleben erfolgreichen Handelns, allein oder gemeinsam.

Die Frage, ob und wie jemandem beim Verfolgen seiner Ziele geholfen werden soll und kann, ist eine andere, sekundäre. Zunächst bedarf es der Freiheit, seine eigenen Ziele zu erkennen, um sie dann in Angriff zu nehmen. Liberalsein bedeutet hier, nicht die positive Hilfe in den Vordergrund zu stellen und die negativen Folgen einer Zwangslösung über Steuern und behördlich-bürokratische Betreuung zu verschleiern. Für Liberale hat die freiwillige private und persönliche Lösung vor Ort stets Vorfahrt – als beste Lösung für die hilfsbedürftigen Menschen, die zur Selbsthilfe, zum eigenständigen Leben in Freiheit befähigt werden sollen. Die beste Unterstützung finden sie dazu vor Ort in ihrem kommunalen Lebensraum. Das ist zuweilen anstrengend, unbequem, vielleicht zeitraubend, zugleich verbindet es. Erst wenn diese gemeinschaftliche Selbsthilfe, auch unternehmerisch oder in Form von Nichtregierungsinitiativen versagt, kann die nächste Instanz zuständig sein, nämlich die Staatsbürokratie. Liberale wissen, dass die Errichtung des Sozialstaats durch Bismarck machtpolitischen Zielen im Kulturkampf diente, also Kirche und Arbeiter disziplinieren sollte.

Der **Zusammenhang von Freiheit und Glück** ist stark. Einer der renommiertesten Glücksforscher ist der Autor des Buches »Flow«: Mihaly Csikszentmihalyi. Das große Freiheitsbuch bietet eine Antwort auf die Frage, wie wir in Freiheit leben können. Die Antwort lautet, die proportionierlichste Bildung der Kräfte zu einem Ganzen ist der persönliche Weg zur Freiheit. So hätte es Wilhelm von Humboldt wahrscheinlich formuliert. Die beste Version von mir selbst kann ich dann verwirklichen, wenn ich aus eigenem Antrieb und freiem Willen meinen Zielen folge und mich so weit wie möglich von den Wünschen, Anforderungen und Wertsetzungen anderer Menschen unabhängig mache. Sobald wir unser Bewusstsein beeinflussen, es lenken und ordnen, kann dieser Ordnungsakt der persönlichen Befreiung dienen und ein überaus konstruktives, Konflikt milderndes Zusammenleben befördern – von wahren Persönlichkeiten.

Offenkundig setzt dieses **Freiheitswerk** beim einzelnen Menschen an. Das Schöne ist, dass das Freiheitswerk voraussetzungslos ist. Wir brauchen nicht auf eine Freiheitsrevolution warten. Freiheit beginnt hier und jetzt – mit mentaler Fitness. Damit sei angedeutet, das Freiheitswerk ist weder Bildungsbürgern vorbehalten noch an materielle Voraussetzungen gebunden.

FREIHEIT, UNABHÄNGIGKEIT, FREMDBESTIMMUNG

In einem politischen Gemeinwesen ist das allerdings nicht ganz so einfach. In der res publica gilt, was der Bankier und Privatdiplomat Felix Somary in »*Krise und Zukunft der Demokratie*« weise feststellte: »*Freiheit ist dort gewährleistet, wo unabhängige Menschen regieren, die nach Überzeugungen, nicht nach Interessen handeln. Diese Voraussetzung trifft nur äußerst selten zu.*« Gerade weil das so ist, liegen Selbständigkeit und Persönlichkeit der Menschen den Liberalen in einer Ordnung der Freiheit so sehr am Herzen. Die Bewahrung der Freiheit setzt freie Menschen voraus. In Freiheit können selbständige Menschen wachsen.

Viele Menschen scheinen heute nicht oder noch nicht bereit zu sein für Freiheit als elementare Form der Selbstbestimmung. Die Ursachen sind vielfältig. Einerseits haben Menschen **Angst** vor Freiheit, weil Freiheit mit Verantwortung verknüpft ist. Manche Menschen lassen sich gerne leiten und lenken, manche lenken auch gerne andere Menschen. Zudem werden viele Menschen abhängig gemacht. Der Staat ist die bequeme Institution, die für alle Probleme zuständig sein soll. Entsprechend umfangreich sind die Eingriffe in das Leben der Bürger, Unternehmer, Steuerzahler, Vermieter, Schüler, Rentner und unzähliger weiterer Gruppen. Die Regulierung schränkt die Freiheit ein, sie findet Unterstützer, die sich im selben Atemzug über Bürokratie und schlechte Infrastruktur beklagen. Berge von Hunderten von Milliarden Euro zur Betreuung und Lenkung werden aufgetürmt zur vorgeblich notwendigen positiven Wendung der Freiheit des Einzelnen. Freiheit und Unabhängigkeit durch Transfers via Staatsbürokratie? Liberale wissen wie verführerisch diese Parole ist.

Der Staat nimmt viel und gibt manches, vor allem braucht er selbst immer mehr. Offensichtlich ist sogar die Entscheidung für Fremdbestimmung im Rahmen der Freiheit möglich. Sie darf indes nicht zulasten freier Menschen gehen.

Schließlich gibt es Menschen, denen die Voraussetzungen fehlen, um ihre Freiheit zu verwirklichen, vor allem materiell, aber auch was ihre Fähigkeiten betrifft. Stimmt das? Ja, selbstverständlich, wenn wir an behinderte Menschen denken. Allerdings nur mit Einschränkung, denn eine Behinderung kann auch »nur« eine Erschwernis sein wie ein frühes Erblinden, das sich meistern lässt. Voraussetzungen fehlen auch Kindern, die in problematischen Familienverhältnissen aufwachsen und vernachlässigt werden. Die beste Hilfe ist hier wiederum die persönliche, private, die freiwillig solidarische, die selbst organisierte. Das kann in professionell arbeitenden Vereinen, Stiftungen und Genossenschaften der Fall sein.

Ein Beispiel: Die Seenotrettung im deutschen Teil der Nord- und Ostsee ist seit der zweiten Hälfte des 19. Jahrhunderts privat organisiert (Deutsche Gesellschaft zur Rettung Schiffbrüchiger, DGzRS) und erhält mit ihren 59 Rettungsbooten und 55 Stationen keine staatlichen Gelder.

Sobald wir auf das Gesamtbild schauen, wird die Antwort auf die Frage eher lauten: Nein, das mit den materiellen Voraussetzungen für ein Leben in Freiheit stimmt nicht. Niemals war das Wohlstandsniveau in der deutschen und europäischen Geschichte so hoch wie heute, ging es auch den relativ Ärmsten so relativ gut. Die exklusiven Standards der Reichen von vor 100, geschweige denn 150 Jahren können heute von den Armen übertroffen werden: Badezimmer mit Warmwasser, Flugreisen in den Urlaub, auch die Gesundheitsversorgung ist unvergleichbar besser. Das war Jahrhunderte und Jahrtausende zuvor nicht der Fall. Allerdings trüben sich die Zukunftsaussichten. Der Grund ist nicht zu viel, sondern viel zu wenig Freiheit. Um so wichtiger ist es, Freiheit, Gerechtigkeit und Gleichheit, die scheinbar in Konkurrenz zu einander stehen, sauber zu trennen.

FREIHEIT SICHERN, FRIEDEN BEWAHREN

»Die Freiheit ist in der Tat das Ziel einer jeden menschlichen Gemeinschaft: Auf sie stützt sich die öffentliche und private Moral, auf ihr beruhen alle Berechnungen von Handel und Gewerbe; ohne sie gibt es für die Menschen keinen Frieden, keine persönliche Würde, kein Glück«, konstatierte Benjamin Constant bereits Anfang des 19. Jahrhunderts. Freiheit ist der Sauerstoff des Lebens. Mit Freiheit blühen Wirtschaft und Gesellschaft, ohne darben sie.

Aus konsequent liberaler Sicht bleibt die **Freiheit vom Staat und vom Zwang der Mitmenschen** die primäre Aufgabe. Hierbei ist gleichermaßen aktuell wie zeitlos folgender Blickwinkel aufschlussreich: *»Der Kampf um Freiheit ist letztlich nicht der Widerstand gegen Alleinherrscher oder Oligarchen, sondern Widerstand gegen die Despotie der öffentlichen Meinung.«* Das erkannte Ludwig von Mises. Zugleich macht es den Freiheitsfreunden das Leben so schwer. Freiheit ist nämlich die Möglichkeit, von herkömmlichen Denkweisen, Meinungen und Praktiken abzuweichen. Gerade deshalb ist das Eintreten für die Freiheit für Liberale eine wunderbare Aufgabe – ein Dienst am Mitmenschen und eine herkulische Aufgabe.

Wo Freiheit herrscht, ist Friede. Friede ist die Voraussetzung für Leben. Im Frieden blühen Gesellschaften, prosperieren Handel und Gütererzeugung, floriert der kulturelle Austausch. Aus friedlicher Kooperation entstehen Wohlstand und Wohlbefinden. Dafür ist es unerlässlich, dass Menschen frei ihre Meinung und ihr Wissen äußern können. Dort wo freie Meinungsäußerungen kollidieren, sichert die Stärke unabhängiger Bürger, verbunden mit der Stärke des Rechts, die Freiheit eines jeden Menschen. Unabhängige Menschen suchen Frieden, verstaatlichte folgen Führern und versuchen durch Gruppenzugehörigkeit und kollektive Größen ihren Willen durchzusetzen und sich zu erhöhen. Das Friedensprinzip gehört zum Liberalsein wie das Wasser zum Fisch.

Kurzum: An der Freiheit kommt niemand vorbei. Sobald es zu wenig Freiheit gibt, beginnen sich die Menschen nach ihr zu sehen und versuchen ihre Freiheitsspielräume auszudehnen. Nur in verrückten Organisationen und zum Autoritären neigenden Staatswesen ist das für eine beschränkte Zeit anders.

Die Achtung der Freiheit erwachsener Menschen und damit die Achtung ihrer Selbstbestimmung und Selbstverantwortung bildet die Grundlage von Glück und Wohlfahrt. Freie Menschen können einander Vertrauen. Ohne Vertrauen kann es keine prosperierenden sozialen Beziehungen geben. Vertrauen lässt Menschen und Gemeinschaften blühen.

Für den Liberalen **bildet Freiheit die Voraussetzung für ein friedliches und frohes, gelingendes und glückliches Leben,** sowohl im öffentlichen Raum als auch im privaten.

3. PRINZIP

EIGENTUM IST DAS FUNDAMENT, AUF DEM UNSER LEBEN RUHT

Eigentum macht frei!
Ludwig Erhard

Ein Mensch besitzt entweder ein volles und ganzes
Eigentumsrecht, oder er besitzt gar keines.
David Hume

Der Liberale weiß, **Eigentum ist die Garantie persönlicher Freiheit** schlechthin. Ohne privates Eigentum gibt es keine Freiheit. Eigentum schließt die Verwendung eines Gutes durch andere aus. Der Ruf nach Kollektiveigentum verschleiert dies. Hinzu kommt, dass tatsächlich lediglich eine kleine, herrschende Gruppe über alles Eigentum verfügen kann. Staats-, Volks-, Gemeineigentum steht zur Verfügung der herrschenden Klasse, Partei, Bewegung und der Oligarchen sowie konformer Profiteure in Machtnetzwerken.

Ohne privates Eigentum gibt es kaum Schutz der Privatsphäre, da niemand sich hinter seine Mauern in sein Zuhause, auf seinen Grund und Boden, in seine Immobilie zurückziehen kann. Ohne privates Eigentum gibt es kein Unternehmertum und damit keine wirtschaftliche Prosperität. Für Ludwig Erhard bedeutet Privateigentum die *»freie individuelle Verfügung über Geld, Sachen und Sachwerte«*. Wer möchte ernsthaft, dass andere Menschen über die Verwendung des eigenen Gelds, der eigenen Sachen und Sachwerte entscheiden?

Eigentum schützt den einzelnen Menschen genauso wie die Masse und die Minderheiten. *»Die Aufhebung des Eigentums degradiert das Individuum zur öffentlichen Figur«*, wie der Soziologe Wolfgang Sofsky weitblickend erkannte. Ohne Eigentum wird der Mensch zur Verfügungsmasse. Eigentum bedingt eine Grenzziehung zwischen dein und mein. Eigentum sorgt für Klarheit.

Der Liberale erkennt, dass **Eigentum individuelle Selbstbestimmung ermöglicht**, statt von anderen und insbesondere von der Obrigkeit abhängig sein zu müssen. Wer Eigentum besitzen kann, der hat einen Anreiz es zu mehren und zu verteidigen – anders als diejenigen, die von Zuwendungen leben müssen. Im Übrigen besitzt jeder Mensch etwas, das ihm wert und teuer ist, das er sein Eigen nennt. Eigentum ist eine ursprüngliche menschliche Kategorie. Der Mensch entfaltet sich mit und durch Eigentum. **Eigentum ist eine Form der Selbstverwirklichung.**

Immanuel Kant erhob in seiner Abhandlung »*Metaphysische Anfangsgründe der Rechtslehre*« 1797 das Eigentum zu einer vernunftnotwendigen Institution. Ohne Eigentum als elementarer Bestandteil sei eine freiheitliche Rechtsordnung unmöglich. Vereinfacht formuliert: Niemand könnte von seiner (äußeren) Freiheit Gebrauch machen, weil es kein mein und dein gäbe. Zugleich respektierten die Bürger durch die gegenseitige Anerkennung des Eigentums ihre Privatsphären. Für Kant waren die Bürger verpflichtet in den Staat einzutreten, damit Eigentum geschützt werden könne.

Im Römischen Reich wurde Eigentum durch eine Rechtsordnung geschützt. Seit der Neuzeit hat Eigentum einen herausragenden gesellschaftlichen und rechtlichen Rang. In dieser Zeit wiesen die Menschen die mehr oder weniger absolut herrschenden Fürsten in die Schranken. Mehr als die bis dato allein privilegierte säkulare und kirchliche Spitze der Gesellschaftspyramide konnte fortan jedermann Eigentum anhäufen und der Leibeigenschaft entkommen.

Für Liberale ist **Eigentum die Grundlage des Menschseins** und die Voraussetzung für das friedliche Zusammenleben von Menschen. Ohne Eigentum keine Freiheit, kaum Privatheit, keine Prosperität.

Eigentum ist politisch bedeutend, es bildet das Fundament unserer Gesellschaft und Demokratie: »*Das individuelle Privateigentum, bei gerechter und allgemeiner Verteilung, bildet das einzig uns bekannte einigermaßen sichere und feste Fundament für Freiheit, Unabhängigkeit und Menschenwürde jedes Einzelnen.*« Diese bedeutungsschwere Einschätzung von Alexander Rüstow aus dem Jahr 1950 teilten auch die übrigen liberalen Gründerväter der jungen Bundesrepublik und der Sozialen Marktwirtschaft von Ludwig Erhard bis Wilhelm Röpke.

EIGENTUM ERMÖGLICHT RESSOURCENKOORDINATION

Eigentum ist das Fundament der Marktwirtschaft: Erst Eigentum ermöglicht die Bildung von Preisen – im Sozialismus gibt es keine Preise, die die realen Knappheitsverhältnisse und Wertschätzungen von Anbietern und Nachfragern widerspiegeln. Ohne Marktpreis ist eine vernünftige Koordination der Ressourcen unmöglich. Und damit kann niemand die Rentabilität seiner (konkurrierenden) Vorhaben einschätzen. Folglich lassen sich dann auch Investitionsalternativen wirtschaftlich nicht miteinander vergleichen. Die zwangsläufige Folge war der Kollaps des Sozialismus und bleibt es für alle Zeiten.

Privateigentum und freie Preisbildung sind konstituierende Voraussetzungen der Marktwirtschaft. Die Marktwirtschaft ist wiederum eine einzigartige Wohlstandsordnung. Das Wohlfahrtsniveau steigt für alle und es gibt mehr zu verteilen. Davon profitieren die relativ Ärmsten enorm. Schließlich stellt Eigentum die Unternehmen in den Dienst der Verbraucher. Sonst dienen sie den Interessen weniger.

Unternehmenseigentümer ziehen einen Nutzen aus dem Kapital und tragen das Risiko des Verlusts. Liberale halten das Leitbild des ehrbaren Kaufmanns hoch. Die Einheit von Eigentum, Kontrolle, Gewinn und Verlust und damit Haftung ist einzigartig. Generationen übergreifend ist sie bei Familienunternehmen gewährleistet. Die Hege und Pflege sowie die Weitergabe des Eigentums geht mit dem unternehmerischen Wissen einher, das übertragen wird. Auch Konzerne wie Facebook, Google und Microsoft haben herausragende Einzelpersonen als Unternehmenseigentümer. Darin unterscheiden sie sich von Banken mit einem Eigenkapital von weniger als 5 % in der Finanzkrise und auch jetzt vielfach unter 15 %.

Eigentum ist eine gefährdete Spezies: Enteignung, Einschränkung der Verfügungsrechte, Geldentwertung, Steuer- und Abgabenlast sowie eigentumsfeindliche Gesetzgebung sind

Bedrohungen durch den Staat. Privat kommt nur noch Kriminalität hinzu, abgesehen vom Neid. Hin und wieder gibt es Natur bedingte Schäden.

DER STAAT ALS BEDROHUNG DES EIGENTUMS

Das Ausmaß der staatlichen Verstöße gegen das Privateigentum ist heute für Liberale fatal. Dem sprichwörtlichen Mops, also dem Hund, der den Wurstschatz bewachen soll, wird auch von sogenannten Wirtschaftsliberalen zu viel wohlmeinende Gestaltungsabsicht beigemessen. Rekordsteuereinnahmen bei vernachlässigter Infrastruktur weisen auf die Schieflage hin. Umverteilung heißt, dass man Eigentum Menschen wegnimmt. *»Wenn man das privat tut, kommt man in den Knast. Wenn man es kollektiv tut … ist es zwar legal, aber in seinen Konsequenzen katastrophal«*, konstatiert der langjährige Präsident des ifo-Instituts Hans-Werner Sinn.

Heute ist die Privateigentumspolitik, die die Gründerväter noch befürworteten, zu einer staatlichen Umverteilungspolitik degeneriert. Eigentum ist breit gefächert wünschenswert. Ludwig Erhard forderte: *»Die Förderung des Privateigentums muss Hand in Hand gehen mit der Unterstützung der Privatinitiative, der Erhaltung des geschaffenen Privateigentums und seiner Vermehrung in Händen möglichst vieler Staatsbürger.«*

Eine Umfrage des Allensbach Instituts vom April 2017 zeigt: Lediglich 41 Prozent der Befragten sind überzeugt, dass nur Eigentum dazu imstande ist, persönliche Sicherheit und Unabhängigkeit zu gewährleisten. Und eine ebenso geringe Zahl versteht noch, dass Eigentum sowohl dem Wohl des Einzelnen als auch zugleich dem Wohl der Gemeinschaft dient.

In diesem Zusammenhang kritisieren Liberale das Grundgesetz, genauer Artikel 14, besonders Absatz 2, der das Eigentum unter den Schutz des Staates stellt und es zugleich zu seinem Spielball macht, weil der Gebrauch dem Wohle der Allgemeinheit dienen soll. Liberale halten das für einen fundamentalen Fehler. Einerseits, weil das Allgemeinwohl ein schwammiger, manipulierbarer Begriff ist und andererseits, weil so in den strikten Schutz des Eigentums eine Bresche geschlagen wurde.

Durch diese Bresche dringen populistische Protektoren eines behaupteten Allgemeinwohls, das auch Sozialbindung genannt wird. Tatsächlich spielen sie lediglich Gruppeninteressen gegen einander aus. Das ist etwa bei Forderungen nach der Verstaatlichung von Wohnungen der Fall, die scheinbar den Mietern nutzen und auf jeden Fall den Eigentümern schaden, spätestens mittelfristig auch den Mietern, da der Staat schlecht mit Eigentum umgeht und so Knappheit erzeugt. Tatsächlich schaden Verstaatlichungen und Eingriffe in die Verfügungsrechte über das Eigentum, darunter Mietpreisstopps, allen, die eine Wohnung suchen. Bereits heute ist für Vermieter das Verfügungsrecht über ihre Immobilie in weitreichendem Maße eingeschränkt, während Mieter privilegiert werden.

Die Sozialpflichtigkeit stammt aus der Weimarer Republik und hat sozialistische Wurzeln. 1919 war der Liberalismus bereits politisch weitgehend desavouiert und einflusslos. Die Grenzen zwischen privatem und öffentlichem Recht wurden zunehmend aufgeweicht. Der Kriegssozialismus trug dazu bei.

VERTEILEN STATT VERFÜGEN? VERTEIDIGEN!

Heute wird Eigentum weit überwiegend aus der Blickrichtung der Verteilung betrachtet. Angesichts der historisch größten Gleichheit aller Zeiten, die heute in Deutschland herrscht, mutet das bizarr an. »*Wo bleiben da Unabhängigkeit und Menschenwürde?*«, würde Alexander Rüstow stellvertretend für Liberale fragen.

Eigentum erfordert mündige Bürger. Eigentum ertüchtigt Bürger. Persönliches Eigentum ermuntert zum pfleglichen Umgang, macht unabhängig und schafft Anreize, Wohlstand über

Generationen hinweg zu erarbeiten; zugleich dient es der **individuellen Vorsorge**. Eigentum bietet Schutz vor Notfällen. Man kann es tauschen, und der Handel stellt beide Seiten besser. So steigert Eigentum das Selbstwertgefühl und trägt zur Würde des Einzelnen bei.

Eigentum befördert also verschiedene Prozesse: Motivation, Entdeckung und Innovation, effiziente Verwendung. Hinzu kommen zurechenbare externe Effekte, etwa bei Umweltverschmutzung. Gerade die Umweltbilanz spricht eindeutig für Eigentum und Marktwirtschaft sowie gegen Etatismus und Sozialismus. Gegen die Gefahr der Konzentration hilft der Wettbewerb – mit Franz Böhm das »*genialste Entmachtungsinstrument der Geschichte*« –, der wiederum Eigentum voraussetzt.

Eigentum erdet. Deshalb ist der Besitz von Immobilien so wertvoll, über ihren Marktpreis hinaus. Gerade deshalb traten Wilhelm Röpke und Alexander Rüstow für den privaten Besitz von Gärten, gerade auch Kleingärten ein. Es sei denn, man beschreitet den Irrweg und folgt dem Psychoanalytiker Erich Fromm, der postulierte: »*Ich bin, was ich habe.*« Das erinnert an: Meine Villa, mein Auto, mein Pferd, meine Yacht. Eigentum als Selbstdefinition schlechthin ist für Liberale zu materialistisch und zugleich marxistisch.

Eigentum beschreibt immer die Beziehung zwischen Personen. **Eigentum ist eine soziale Beziehung.** Sie gilt als selbstverständlich. Erst als Robinson auf Freitag trifft, entsteht Eigentum. Kinder unterschieden ab eineinhalb Jahren mit *mein* und *dein* ihre Besitzansprüche.

Eigentum und Freiheit sind unauflösbar mit einander verbunden. Volkseigentum bedeutete stets ein Volk zur Verfügung des Staates. Mangels Eigentum musste das SED-Regime seine Bürger sogar hinter eine Mauer mit Selbstschussanlagen einsperren. Privateigentum hingegen macht Wohlstand für alle möglich. Der International Property Rights Index zeigt die Korrelation zwischen gesicherten Eigentumsrechten und wirtschaftlichem Erfolg, hoher Lebensqualität und Sicherheit von Ländern eindeutig.

Das Eigentumsverständnis ist ein Spiegel der Zeit. Aus liberaler Sicht leben wir in etatistischen, für manche gar neosozialistischen Zeiten. Zeitlos herausgefordert wird Eigentum in seinem klassischen Verständnis durch die Digitalisierung. Alte wie neue Alternativen sind sehr beschränkt und reichen von der Allmende bis zur Share Economy, in der es Eigentümer gibt, die ihr Eigentum zeitweise zur Benutzung teilen.

4. PRINZIP

DAS RECHT DER FREIHEIT HERRSCHT ÜBER JEDERMANN

Tatsächlich ist Freiheit nicht nur ein ökonomisches oder politisches Konzept, sondern auch, wahrscheinlich mehr als alles andere, ein juristisches Konzept.
Bruno Leoni

Den Unterschied zwischen Rechts- und Machtstaat bestimmt, *»ob der Mensch als Zweck und der Staat als Mittel oder ob das Gegenteil angenommen wird«*, urteilte Felix Somary.

Das Ideal des Rechtsstaats im Sinne einer Herrschaft des Rechts, das lediglich durch den Staat durchgesetzt wird und zugleich den Staat bindet, lässt sich für Liberale mit dem griechischen Wort **Isonomia** ausdrücken.

In der griechischen Antike äußerten herausragende Denker, dass es *»richtiger ist, dass das Gesetz herrscht als irgendeiner der Bürger«*. Aristoteles betonte, dass die Personen, die die oberste Gewalt ausüben, **Hüter** und **Diener des Gesetzes** waren. Als besonders übel galt die Herrschaft des Volkes statt der Gesetze, die Herrschaft der Mehrheit statt des Rechts.

Die zeitlose liberale Forderung lautet, dass es keine willkürliche Herrschaft geben darf, sondern **gerade die Herrschenden durch das Recht gebunden** werden.

Hieraus resultiert ein entscheidender **Unterschied zwischen Demokratie und Liberalismus.** Demokratie dreht sich um die Frage: Wer herrscht? Das wird an Wahlabenden zelebriert. Liberalismus hingegen ist dem Wesen nach mit der Frage verbunden: Wie lässt sich Herrschaft begrenzen? Diese Frage ist aus der öffentlichen Diskussion verschwunden. Zugleich besitzen Demokratie und Liberalismus eine gemeinsame Wurzel: die Autonomie des einzelnen Menschen. Diese Autonomie geht einher mit dem menschlichen Vermögen von der Vernunft Gebrauch zu machen, mit einem freien Willen. Damit unauflöslich verbunden ist die Verantwortung für individuelles Handeln und dessen Konsequenzen. All dies sind vorrechtliche Tatsachen.

Zurück zur Demokratie. **Die Demokratie kann nicht ohne Liberalismus bestehen.** Umgekehrt ist das möglich. Demokratie als Herrschaft der Mehrheit bietet allein keinen sicheren Schutz gegen Unrecht, Unterdrückung und Tyrannei sowie mildere, aber nicht minder freiheitsfeindliche, autoritäre Formen der Regierung. Das gilt nicht nur für Fassadendemokratien. Entscheidungen von Mehr- oder Minderheiten sind nicht per se rechtmäßig oder gerecht.

DAS GESETZ SOLL HERRSCHEN

Was zeichnet Isonomia aus? Zunächst: Das Gesetz steht über allem. Dann: Ein gutes Gesetz entscheidet in der Sache so viel wie möglich und lässt so wenig Interpretationsspielraum wie möglich. Außerdem bindet es jeden. Es werden keine Privilegien für einzelne Gruppen gewährt – schon gar nicht per Quote oder Gesundheitsstatus für eine Gruppe. Schließlich beinhalten gute Gesetze nur Verbote statt den Menschen zu sagen, was sie tun sollen.

Die Folge ist »government by law and not by men«. So wird es tatsächlich möglich, einem Gemeinwohl zu dienen, nämlich durch das Durchsetzen der gleichen Gesetze für jedermann. Die Gesetze müssen allerdings Freiheit schützen und Zwang in die Schranken weisen. Macht wird begrenzt, Freiheit geschützt. Politik kann dann nicht mehr als Rennen zu den Fleischtöpfen verstanden werden, erfolgt nicht mehr nach der Devise: »The winner takes it all.«

Der **Rechtsstaat** hat für Liberale zwei **Zwecke:**

— Das Zusammenleben der Menschen in Freiheit durchsetzen. Grundlage bilden die guten Konventionen und Regeln des Zusammenlebens freier Bürger, die sich allmählich und emergent herauskristallisieren, weil sie sich bewähren.

— Die Regierung und der Gesetzgeber werden in ihrem Handeln beschränkt und für ihre begrenzten Aufgaben unter das Recht gestellt.

WIEDERBELEBUNG DES RECHTSSTAATSIDEALS

Dieses Rechtsstaatsideal ist längst verfallen. Es ist vielleicht die wichtigste Aufgabe für Liberale, es wieder zu beleben. Heute gilt die Herrschaft der Mehrheit, das »Machen« von Gesetzen durch die sogenannten Volksvertreter zum Lösen von Missständen als Ideal. Liberale bekümmert dieses Fehlverhalten. Die Ursache vieler Übelstände von heute liegt ganz wesentlich in diesem Missbrauch von Gesetzen. Teil dessen sind zudem regelmäßige Rechtsdehnungen und -brüche im Zuge von Wirtschaftskrisen, bei der Ausdehnung der Befugnisse der EU, beim Außerkraftsetzen von Grundrechten während der Corona-Pandemie und immer dann, wenn aus parteipolitischen Interessen spezifische Wählerinteressen bedient werden. Üblicherweise geschieht die Realisierung ideologischer und materieller Ziele einzelner Gruppen im Namen des Gemeinwohls, das unterschiedliche Darstellungsformen annehmen kann und über das Wohl des Einzelnen gestellt wird.

Liberale wissen, dass Interessengruppen und politische Akteure Regulierung und staatlichen Zwang nutzen, um Gesetze und Regulierungen zu ihrem Vorteil zu gestalten. Kleine Gruppen sind besonders gut organisiert und erfolgreich bei der Realisierung ihrer Interessen. Die Bevölkerung ist es gerade in großen anonymen Gebietskörperschaften nicht; das gilt auch für die Rolle als Steuerzahler, Konsumenten, Student und Schüler.

Liberale sorgen für Klarheit, indem sie unterscheiden: zwischen **Abwehrrechten**, die jedermann schützen und aus Pflichten bestehen, etwas zu unterlassen einerseits und **Anspruchsrechten** andererseits. Anspruchsrechte gehen auf Kosten anderer und bestehen in einer Pflicht etwas zu tun.

Liberale berücksichtigen, dass der staatliche Verwaltungsapparat mit seinen Behörden danach strebt, die jeweiligen Budgets und Zuständigkeiten auszuweiten und damit verbunden Macht, Gehalt und Prestige. Der Staatsapparat hat sich dafür weitreichende Privilegien durch Gesetze gesichert.

EMERGENTES RECHT STATT EXPERTENGESETZE

Es gehört zu den besonders schwerwiegenden Irrtümern zu glauben, dass von der Obrigkeit bewusst gesetzte Regeln *per se* vorteilhaft für das Zusammenleben der Menschen sind, weil diese bewusst und gezielt erlassen wurden. Das Gegenteil ist regelmäßig der Fall. Komplexität und Dynamik kennzeichnen eine offene Gesellschaft – beiden können von Experten nur schwer erfasst werden. Seit je her kommen die bedeutenden Institutionen einer prosperierenden Gesellschaft durch das unbeabsichtigte Handeln vieler Menschen in Interaktion mit einander zustande, ohne dass das Ergebnis angestrebt wurde. Das gilt für das Recht genauso wie für die Sprache, die Preise, die Mode und für Kultur und Marktwirtschaft. Daher können Liberale dem Ratschlag von Bruno Leoni sehr viel abgewinnen, Recht und Gesetze danach zu bewerten, welche Auswirkungen sie auf das Individuum haben.

Liberale schließen nicht aus, dass auch gute, Freiheit schützende und mehrende Regeln erdacht werden können, insbesondere als Reaktion auf gravierende Probleme. Auch eine Verfassung der Freiheit kann entworfen werden, muss sich allerdings in einem nie abgeschlossenen Prozess von Versuch – Irrtum – erneutem Versuch bewähren. Liberale betonen, dass Bürger das Recht haben, gemeinsam mit anderen die Regelordnung zu wählen und zu gestalten, unter der sie leben möchten. Das beflügelt zudem den Wettbewerb verschiedener Regelordnungen und damit verschiedener politischer Systeme. Ein rechtlicher Standortwettbewerb ist für Liberale ausdrücklich erwünscht. Nicht Experten finden das Optimum, sondern der Wettbewerb mit Versuch und Irrtum führt zu besseren Rechtsregeln.

WIE ENTSTEHT DAS RECHT DER FREIHEIT?

Wir Menschen befolgen eine Fülle von Regeln bei unserem Handeln, ohne dass wir sie irgendwo aufgeschrieben vor uns sehen oder sie uns mitgeteilt worden sind – zumal von staatlicher Seite. Dies sind regelmäßig Regeln eines gerechten Verhaltens, eines Freiheit schützenden Verhaltens, eines aus Freiwilligkeit erwachsenden Handelns der Vernunft. Dazu zählt: kein Eigentum stehlen und niemanden verletzen sowie Verträge einhalten. Dieses Regelwerk ist von niemandem bewusst geplant worden, sondern vielmehr das Ergebnis menschlichen Handelns zum eigenen Vorteil und zum Vorteil der Mitmenschen.

Recht entsteht aus Konventionen und Konflikten. Konventionen resultieren aus Kooperation – der ungarische Sozialphilosoph Anthony de Jasay bezeichnete sie als stillschweigende Verträge, die entstehen, ohne gewollt zu sein. Kodifikations- und sanktionsbedürftige Konventionen werden zu Recht, das schriftlich fixiert wird. Freiheitliche Konventionen zeichnen sich dadurch aus, dass sie für alle Menschen zustimmungsfähig sind, weil sie die Kooperation fördern.

Das Recht der Freiheit schützt die Freiheit jedes Menschen und regelt Freiheitskonflikte durch allgemeingültige Prinzipien, die Leib, Leben und Eigentum schützen. So wie sich Kooperation von allein entwickelt, entsteht auch ein Freiheitsrecht – so lange nicht eine Gruppe so mächtig wird, dass sie die Freiheit der anderen unterdrücken kann.

Recht ist wie Sprache, Mode und Moral das Resultat einer unüberschaubaren Vielzahl nicht mit einander verbundener Handlungen bzw. Entscheidungen, die schließlich konvergieren. Sie wurden von Individuen getroffen, aus freien Stücken und unter Wahrung individueller Freiheit. Mit Kant folgen die Entscheidungen der Devise, anderen nicht das anzutun, was man einem selbst nicht antun soll. Offenkundig ist es unmöglich, dass ein zentraler Gesetzgeber dieses dezentrale Vorgehen hinreichend nachahmt, geschweige denn übertreffen könnte. Der Wissensmangel ist hier, wie schon in der Marktwirtschaft, für die Experten und Bürokraten unüberwindbar.

Die Römer und Engländer haben dem mit ihrem Ansatz Rechnung getragen, nämlich der Entdeckung des Rechts Bottom-up. Das Stichwort lautet: Richterrecht. Der Top-down-Ansatz droht aus liberaler Sicht hingegen in eine juristische Planwirtschaft abzugleiten und birgt dieselben strukturellen Missstände wie in der geplanten Wirtschaft. Das deutsche Steuerrecht ist ein besonders drastischer und leider hässlicher Beleg. Gleichwohl kann das etablierte Recht von staatlicher Seite systematisch aufbereitet werden wie das Bürgerliche Gesetzbuch aus dem Jahr 1900 nach jahrelanger Arbeit auf hohem Niveau illustriert und zuvor das Allgemeine Handelsgesetzbuch von 1861. Der eher angelsächsischen Tradition steht historisch eine inzwischen vergessene, liberale kontinental-europäische Tradition des Rechtsetzens gegenüber. Auch dort kommt es auf die richtigen, der Freiheit verpflichteten Fachleute an.

HAT DAS RECHT EINEN ZWECK?

Aus liberaler Sicht ist das nur in sehr grundsätzlicher Form der Fall. Recht soll Handlungsspielräume öffnen, die zu Ergebnissen führen, die wir im Voraus weder kennen können noch müssen. Spezifische Ziele sollen mit dem Recht indes nicht erreicht werden. Das widerspricht offensichtlich der heute gängigen Praxis, die für Liberale häufig auf einen Missbrauch von staatlichen Gesetzen und behördlichen Verordnungen hinweist.

Liberalen fällt es schwer, eine Begründung zu akzeptieren, die die Androhung und Anwendung von Zwang bei der Durchsetzung von Umverteilungsentscheidungen, Privilegien und Benachteiligungen rechtfertigen soll. Warum? Weil die Verlierer der Entscheidung es vorgezogenen hätten, nicht zu verlieren. Zugleich erinnern Liberale daran, dass Rechte stets mit Pflichten einhergehen.

Der **Zweck des Rechts ist Frieden** – im Innern und nach außen. Recht heißt sich vertragen, bedeutet Streit beilegen und

Streit vermeiden können. Das Ziel von Gewalt ist neben einer Person das Eigentum. Das Recht schützt gerade das Eigentum und legt Strafen für diejenigen fest, die das Eigentum nicht achten und die Freiheit des anderen verletzen. Recht setzt Grenzen für die Handlungsfreiheit durch Handlungsbeschränkungen zwischen Menschen. Recht sorgt stets für Beständigkeit.

In der klassisch liberalen Ordnung umfasst das **Recht des Staates** vor allem wenige, hoheitliche Aufgaben, die dazu dienen die freiheitliche Gesellschaft zu schützen

Es sind dies:
— der Schutz der individuellen Freiheit (Leib, Leben, Privatheit),
— der Schutz des Eigentums,
— die Durchsetzung frei und willentlich geschlossener Verträge,
— der freie Zugang zu allen wirtschaftlichen Branchen, Berufen und Märkten im Inland und das Bemühen um dieselben Bedingungen im Ausland.

Vielfach umfassten liberale Forderungen zudem das Festsetzen von monetären Standards, die allerdings von den Staatsführungen selbst derart missbraucht wurden, dass sie heute besser der staatlichen Sphäre entzogen und dezentralisiert werden sollten, um Stabilität und Prosperität sowie gleiche Chancen für jedermann ermöglichen zu können.

DIE HERRSCHAFT DES RECHTS

Nicht nur Liberale können der Herrschaft des Rechts zustimmen, die durch eine unabhängige Justiz, Gleichheit vor dem Gesetz und einem guten funktionierenden Rechtssystem gekennzeichnet ist. Liberale gehen indes noch ein Stück weiter und machen Rechenschaftspflicht, Transparenz, Vorhersagbarkeit, Effizienz und Gleichheit unabhängig vom Status der Person zu Kriterien für eine Herrschaft des Rechts der Freiheit und das weltweit. Das bedeutet zugleich, dass folgende **Prinzipien** durch die Herrschaft des Rechts befördert werden:

1. Der Staat und seine Bediensteten werden durch klare, bekannte Gesetze gebunden und rechenschaftspflichtig gemacht. Diese Verantwortung vor Recht und Gesetz gilt auch für private Akteure.

2. Alle Bürger werden gleich vor dem Gesetz behandelt. Die Gesetze sind gerecht, klar, veröffentlicht und stabil; sie werden gleich angewandt und schützen Grundrechte, persönliche Sicherheit, Verträge und Menschenrechte.

3. Bürger haben freien Zugang zu effizienten und verlässlichen Konfliktlösungsmechanismen. Die Justiz ist unparteiisch, arbeitet zeitgerecht, kompetent und dient den Gemeinschaften, für die sie arbeiten, so dass Recht und Ordnung herrschen.

Das Gegenteil des Rechts der Freiheit wurde und wird in besonders scheußlicher Form im Sozialismus deutlich. Im Sozialismus sind alle Lebensbereiche politisiert und damit dem Willen der Staatsführung unterworfen. Die Schicksale der Dissidenten in der DDR und der vielen verfolgten Menschen im Nationalsozialismus und der Sowjetunion sind eindringliche, das Fürchten lehrende Beispiele.

Das Recht der Freiheit sichert eine spontane Ordnung. Darauf legen Liberale Wert. Freiheitliche Gesellschaften sind auch im historischen Vergleich daher einzigartig stark, prosperierend und anpassungsfähig geworden – anders als die totalitäre oder autoritäre, jeweils geplanten Zwecken dienende Organisation von Wirtschaft und Gesellschaft.

Der **Staat** mit seiner **Bürokratie** wird überwiegend oder ausschließlich **Organisationsregeln** festlegen. Organisation unterscheidet sich grundsätzlich von Ordnung – Organisation ist bewusst Menschen gemacht, dient klaren Zielen, die mit Hilfe der Organisation erreicht werden sollen. Ordnung ist nicht das

Ergebnis planvollen Handelns, sondern die Summe vielgestaltigen Handelns und dient nicht einem, sondern ermöglicht es, sehr viele Ziele zu verfolgen. Daher liegt es nahe, nicht Beamte und andere Staatsbedienstete in Ministerien in Kooperation mit Experten von Interessengruppen das Recht entwerfen zu lassen, sondern es aus dem guten Verhalten der Menschen in der Interaktion mit einander zu gewinnen. Diese Aufgabe haben in einer liberalen Gesellschaft vor allem Richter. Das aus Konventionen hervorgehende **Richterrecht** dient der Lösung von spezifischen, aktuellen Problemen, die sich aus Freiheitskonflikten ergeben. Und ein solches Richterrecht steht und fällt, das ist die Krux, mit den richtigen Richtern, jenen, die die Freiheit schützen.

Ein begrüßenswerter Nebeneffekt ist: Die Macht der Rechtsetzung wird dezentralisiert und damit die Macht selbst verstreut. Ein weiterer positiver Effekt ist: Das Entdeckungsverfahren für die besten Rechtsregeln kann in Gang kommen. Recht, das sich bewährt, wird nachahmenswert. Wer schlechtere Rechtsregeln setzt, macht das Leben weniger attraktiv und erfährt Anpassungsdruck, eben die besseren Regeln zu übernehmen. Eine weitere begrüßenswerte Folge ist die Dominanz des Privatrechts. Staatliches oder öffentliches Recht würde nur für staatliche Organisationen gelten.

VERSTAATLICHUNG DES RECHTS

Offenkundig unvereinbar ist mit dem Recht der Freiheit ein Denken und Fordern von Anrechten, vom Anrecht auf Arbeit über ein Anrecht auf Elternzeit bis zu einem Anrecht auf Trinkwasser und sichere Umgebung. Das sind alles wohlfeile Forderungen, die allerdings weder etwas mit Rechten zu tun haben. Es werden keine freiwilligen Verträge zwischen Individuen geschlossen. Vielmehr handelt es sich um Ansprüche, die zumeist von Dritten erfüllt werden sollen. Noch sind die Forderungen realistisch, denn die Abwesenheit von Frieden ändert sich nicht durch die Forderung nach einem Recht, ohne Krieg und ohne Gewalttaten leben zu können.

Schließlich werden durch die Ansprüche, darum geht es tatsächlich: einen Anspruch auf Arbeit, einen Anspruch auf Elternteilzeit, einen Anspruch auf Trinkwasser und Frieden – die Verpflichtungen ausgeblendet. Das bedeutet die Verpflichtung, dass jemand Arbeit anbieten und bezahlen muss, die Verpflichtung, dass jemand eine Stelle freihalten und die entstehenden Kosten übernehmen muss, während jemand anderes die Arbeit zusätzlich leistet, die Verpflichtung, dass sauberes Trinkwasser von jemandem bereitgestellt und Frieden von jemandem geschaffen werden muss.

Recht verstanden ist das Recht ein Bollwerk der Freiheit, gegen Ansprüche, Zwang und nicht zuletzt Unrecht. Es lässt sich nicht für die Trennung von Gewinnern und Verlierern verwenden. Dementsprechend problematisch sind ökonomisch relevante Gesetze, weil mit ihnen zuerst die konkrete Aufgabe festgelegt wird und damit die Begünstigten ausgewählt werden. Gleichzeitig gilt geradezu selbstverständlich die Finanzierung als dauerhaft gesichert. Indes werden regelmäßig nicht die Lasten herausgestellt, die das Gesetz für andere mit sich bringt, die als benachteiligte Menschen diese schultern müssen.

Liberale betonen: Sobald die Regierung per Gesetz die Gesellschaft organisiert, spaltet sie in Gewinner und Verlierer, legt sie intendierte Endzustände fest, versperrt sie Entwicklungs- und Wettbewerbsmöglichkeiten. Das Recht gilt nicht mehr für alle – gleich. Es ist nicht mehr zustimmungsfähig. Das Recht wird in spezielle Gesetze für spezielle Gruppen von Begünstigten und Unerwünschten umgewandelt. Je nach Regierungswechsel werden sich diese Gruppen und Gesetze ändern.

Es dürfte nicht übertrieben sein, die **Verstaatlichung des Rechts als ein herausragendes Grundübel unserer Zeit** zu kritisieren. Zugleich kann die geradezu hyperinflationär anmutende Gesetzgebung als ein zentrales Problem für die Verlangsamung von Wachstum, Produktivität und Innovationen angesehen werden, für immer kompliziertere und Bürger fernere Gesetze, statt »minimalinvasivem Recht« (Stefan Blankertz). Elitenprobleme und grassierender Populismus sind nicht zuletzt eine Frage der Gerechtigkeit.

5. PRINZIP

PRIVATHEIT IST GELEBTE FREIHEIT

Wesentlicher für unser Verständnis des Privaten aber ist, daß es sich nicht nur wie im Altertum von dem Öffentlichen, sondern vor allem auch von dem Gesellschaftlichen abhebt.
Hannah Arendt

Privat und öffentlich lassen sich seit der Antike als zwei Sphären strikt trennen. Das waren in einer Polis wie Athen die private Haus- und Gemeinschaftswirtschaft (Oikos) und die öffentliche Volksversammlung (Ekklesia). Für die Polis als einen über Dorfgemeinschaften hinausgehenden Stadtstaat besaß die Agora als Markt und Versammlungsplatz sowie zentraler Kultplatz identitätsstiftende Wirkung für die antike Gesellschaft. Mit der Neuzeit tritt zwischen der Sphäre des privaten Haushalts und der des öffentlichen politischen Raums immer stärker sichtbar die dritte hervor: die gesellschaftliche. Von Liberalen wurde die bürgerliche Gesellschaft als Gegensatz zur absolutistischen Fürstenherrschaft begriffen. Heute umfasst die Gesellschaft nicht zuletzt die Wirtschaft als ein arbeitsteiliges globales Netzwerk sowie (internationale) soziale Netzwerke mit gemeinsamen Interessen.

Die drei Sphären können in einem Spannungsverhältnis stehen. Die Digitalisierung stellt gleichermaßen eine Entfaltungsmöglichkeit wie einer Herausforderung für die Privatsphäre dar, die für Liberale eine herausragende Bedeutung für ein gelingendes Leben besitzt.

»Daß Menschen eine eigene Sphäre beanspruchen, wird von der Macht nur selten respektiert.« Deshalb liegt ein Schlüssel für die Begrenzung der Macht von Menschen über Menschen in der Privatsphäre. Wolfgang Sofsky wertet sie zur Privatheit auf. Privatheit wird zur *»Zitadelle persönlicher Freiheit«.*

Roland Baader sah sogar das einzig wahre Menschenrecht im Recht, in Ruhe gelassen zu werden. 1880 definierten die amerikanischen Rechtsanwälte Samuel Warren und Louis Brandeis die Privatsphäre als »das Recht allein zu sein«. In Diskussionen um die Freiheit im Netz, zuvor um Lauschangriffe auf die Wohnung und über das Bankgeheimnis, äußerte sich etwas Widerstand von Bürgern gegen das Überschreiten der Grenze zum Privaten durch den Staat, zunehmend auch von

Großunternehmen und deren Datensammeln sowie gegen die von beiden betriebene Zensur.

Die **Privatsphäre** ist der Raum, in welchem die freie Entwicklung und Entfaltung des einzelnen Menschen stattfindet – unbeobachtet und unbehelligt von jemand anderem. Gedanken- und Gewissensfreiheit haben hier ihren vornehmsten Platz. Darüber hinaus ist der Bereich der persönlichen Beziehungen unantastbar.

Der herrschaftliche Schutz der Privatsphäre reicht in England bis in das 13. Jahrhundert zurück mit Gesetzen zum Schutz vor Lauschern und Spannern. Auch der König von England durfte ohne Erlaubnis kein privates Haus betreten. Heute gilt das Recht auf Privatsphäre als Menschenrecht, das in allen Rechtsstaaten verankert ist.

PRIVATSPHÄRE UND PRIVATHEIT

Liberale betonen vor allem das **Privateigentum** als eine Säule der Freiheit. »Eigentum ist das Fundament, auf dem unser Leben ruht« hieß deshalb das dritte Kapitel. Ohne Privateigentum keine Freiheit, keine Marktwirtschaft, keine freie Gesellschaft. Das Eigentum einschließlich der Verfügungsgewalt ist das Fundament der Freiheit des Einzelnen. Die Aufhebung des Eigentums degradiert das Individuum zur öffentlichen Figur, der einzelne Mensch wird dann zur politisch-bürokratischen Verfügungsmasse. Im Eigentum hingegen manifestiert sich der Wille des Einzelnen. In gewisser, eingeschränkter Hinsicht gilt dann doch: Zeig mir, was Du hast, und ich kann erkennen, wer Du bist. Beim extremen Primat der Politik ist die Voraussetzung für Eigentum das Parteibuch.

Zugleich gibt es eine schützenswerte Sphäre, die über Dinge, die wir mein Eigen nennen, hinausreicht und nicht durch das Eigentum abgedeckt wird. Eine **Privatsphäre** hat jeder und schätzt jeder. Sie reicht vom eigenen Körper über private Räume und eben das Privateigentum bis zur persönlichen Daten- und Gedankenfreiheit.

Der niedersächsische Soziologe und Philosoph Wolfgang Sofsky zeigt, dass **Privatheit** ein gleichermaßen weitreichendes wie begrenztes und damit defensives Konzept ist, mit dem Liberale die Freiheit verteidigen können. So umfasst Privatheit »nur« die individuelle Sphäre. Privatheit bleibt auf das persönliche Umfeld des Menschen begrenzt, bedarf zunächst nicht einmal der Abgrenzung zur Privatsphäre eines anderen Menschen, anders als Kants Vereinigung der Freiheit respektive Willkür verschiedener Menschen unter allgemeinen Rechtsgesetzen.

Privatheit bezeichnet also das eigentliche, das primäre und unabdingbare Gebiet menschlicher Freiheit. Dazu gehört zunächst die Grenze zwischen privat einerseits und öffentlich und gesellschaftlich andererseits, woraus sich dann der persönliche Raum ergibt, darin der menschliche Körper mit innerer Freiheit, darunter das Denken und Fühlen. Hinzu kommen die äußere, körperliche Freiheit und Unversehrtheit. Bestandteil der Privatheit sind offensichtlich die Freiheit der Gedanken und des Gewissens sowie des Geschmacks. Zur Entfaltung der Persönlichkeit als Teil der Privatheit gehört schließlich, aber nicht abschließend, die Freiheit sein Leben nach eigenen Vorstellungen zu planen und zu verfolgen. Das ist zugleich wahre Autonomie, ein alternativloser Baustoff freier Gesellschaften.

Liberale sind überzeugt, dass mit John Stuart Mill gilt: »*Jeder schützt seine eigene Gesundheit, sei sie körperlicher, geistiger oder seelischer Art, am besten selbst.*« Das schließt die eigenverantwortliche Versicherung gegen Lebensrisiken ein. Die freie Entfaltung der Persönlichkeit, die proportionierlichste Bildung der Kräfte, erfordert eine private Sphäre, in die man sich zurückziehen kann und dort unbehelligt bleibt. Die Originalität des Individuums macht für Liberale die wahre Größe des Menschen aus. Nach ihr sollte ein jeder streben können. Eine private Sphäre ist dafür unverzichtbar.

Ihr voraus geht die Integrität des Menschen verstanden als Unantastbarkeit oder Unberührtheit. Die **Unverletzlichkeit eines Menschen** beginnt mit der Unantastbarkeit der Haut. Über die Haut nehmen wir Gefühle wahr wie Schmerz, Schaudern, aber auch elektrisierte Freude und Lust, Geborgenheit und Verbundenheit. Die Haut ist daher eine lebende Grenze der Privatheit, sie zu berühren bedeutet ein Eindringen in die Privatheit.

John Stuart Mill drückte das in »*Über die Freiheit*« wie folgt aus: »*Über sich selbst, über seinen eigenen Körper und Geist ist der einzelne souveräner Herrscher.*« Privatheit bezeichnet in dieser Sicht das kleine Königreich eines jeden Menschen.

BEDROHUNGEN DER PRIVATHEIT

Privatheit ist vom Individuum aus gedacht und macht zunächst nicht einmal das Recht, geschweige denn Gesetze erforderlich. Vielmehr reichen Konventionen wie Anerkennung, Respekt und Rücksicht aus. Dem kann jedermann im eigenen Interesse zustimmen. Bereits mit der gegenseitigen Anerkennung des Eigentums garantieren die Bürger zugleich ihre eigenen Privatsphären.

Heute werden auch die persönlichen Daten, die wir online und offline an Organisationen bewusst und vor allem unbewusst weitergeben als Teil der Privatsphäre betrachtet. Dementsprechend bedrohen staatliche und private Maßnahmen zum Sammeln und Auswerten von Daten die Privatsphäre, darunter Marktforschungsmaßnahmen, Kunden- und Kreditwürdigkeitsprofile sowie Aufenthaltsorte, ferner Belästigungen und Betrug durch Spam und Phishing sowie Möglichkeiten des Trackings und (einfachen) Hackens.

Längst ist Information die »*zentrale Machtquelle des modernen Verwaltungsstaates*«. Sicherheit beruht auf der Kontrolle der

Untertanen und der Transparenz ihrer Lebensverhältnisse. Das gilt nicht zuletzt für ihre finanziellen Angelegenheiten. Der steuerlich gläserne Bürger ist das Resultat eines in all seinem Handeln verdächtigen, betrügerischen Bürgers – aus Sicht des Staates. Zugleich ist bekannt, dass die Bereitschaft Steuern und Abgaben zu zahlen steigt, sobald Beträge sinken. Privatheit ist auch hier eine Schutzzone. Dieser Schutz gilt auch gegenüber Nichtregierungsorganisationen: *»Das Recht auf Privatheit schiebt dem Imperialismus der Religion einen Riegel vor«*, urteilt Wolfgang Sofsky. Religion meint nicht nur Glauben, sondern schließt zunehmende säkulare Ersatzreligionen und ihre Vorstellungen über ein gutes Leben ein.

PRIVATHEIT UND SELBSTBESTIMMUNG

Zur Privatsphäre gehört für Liberale, dass wir Bürger selbst bestimmen, wer über uns welche Informationen sammeln darf. Sowohl die Art und Menge der erhobenen, verbreiteten und verarbeiteten Daten als auch deren Speicherung. Zugleich besitzt hierbei die Grenzziehung zwischen dem privaten Raum und dem Aufenthalt in einem öffentlichen Raum grundlegende Bedeutung. In politischer Hinsicht geht es darum, die bürgerlichen Freiheiten aufrechtzuerhalten – gegen die Einschränkungen von individuellem Wohl zugunsten kollektiver Wohlfahrt, ob im Namen einer Volksgemeinschaft, Klasse, Kaste oder unspezifischer Formen eines sogenannten Gemeinwohls.

Privatheit weist darauf hin, dass die Gesellschaft nicht für den Einzelnen und der Einzelne nicht für die Gesellschaft verantwortlich und ihr auch nicht rechenschaftspflichtig ist. Letzteres gilt nur dann, wenn andere geschädigt werden, der Einzelne also seine Privatheit verlässt.

Ludwig von Mises formulierte es unmissverständlich: *»Der Liberalismus fordert Toleranz aus Grundsatz und nicht aus Opportunität. Er fordert Duldung auch offenbar unsinniger Lehren,*

wahnwitzigen Irrglaubens und kindlich-blöden Aberglaubens.«
Warum? Weil »nur die Duldung den gesellschaftlichen Friedens-
zustand schaffen und bewahren kann«.

DIE EINMISCHUNG DES STAATES

Privatheit steht nicht primär und nicht allein in einer konfrontativen Stellung zum Staat. Allerdings stellt das **Vordringen des Staates in die Privatsphäre** eine stetig wachsende Bedrohung dar. Der Staat enteignet private Handlungs- und Entscheidungsspielräume und das regelmäßig bis ins Absurde gesteigert wie Teile der realitätslosen, konstruktivistischen Pandemie-Politik, aber auch die Beseitigung des Bankgeheimnisses und die sukzessive Abschaffung des Bargelds alltäglich dokumentieren. Das gilt jenseits des Sicherheitssektors längst für die sogenannte Gendergerechtigkeit und die Förderung von Gruppen, die einen Opferstatus zugeschrieben bekommen. Mit einer Sexualisierung von Sprache und der Vorgabe anzustrebender Lebensentwürfe dringt der Staat ins innerste der Privatsphäre und der Privatwirtschaft vor. Der Staat hat vom liberalen Standpunkt aus betrachtet hier nichts verloren.

Hinzu kommen Meinungsüberwachungsgesetze wie das Netzwerkdurchsetzungsgesetz, mit dem Meinungen kontrolliert und eingeschränkt werden, wobei die Zensur auf private Unternehmen verlagert wurde. Die veröffentlichte Meinung, die in der Gesellschaft tonangebend ist, befeuert die Zensur und das Sagbare. Längst haben sich wesentliche Teile der Medien in politische Transmissionsriemen verwandelt, die nicht mehr informieren, sondern schlecht informiert manipulieren.

Die Meinungsfreiheit war ein Meilenstein in der Geschichte der Befreiung von Obrigkeiten. Blockwarte und Denunzianten haben in Deutschland für die staatliche Meinungsüberwachung bis tief in die Privatsphäre hinein gesorgt und so Herrschaft stabilisiert. Wer einen unabhängigen Charakter besitzt, kann nach wie vor vieles sagen. Dazu gehört auch, dass ihn die Ideologie und Moral Andersdenkender nicht interessieren.

SOZIALE BEDROHUNG

Nicht nur auf dem Land besteht eine große Bedrohung der Privatheit in der neugierigen Nachbarschaft. Ohnehin gehen die Lebensumstände und Handlungen von Privatleuten die Öffentlichkeit nichts an, weshalb sich die Medien aus der Privatsphäre herauszuhalten haben. Wer sich den (sozialen) Medien allerdings öffnet, der muss sich nicht wundern, wenn er Privatheit einbüßt. Und wer den Ruhm der Öffentlichkeit wählt, muss mit dem gesteigerten persönlichen Interesse eben der Öffentlichkeit umgehen.

Mit John Stuart Mill können Liberale noch deutlicher werden und vor der sozialen Tyrannei der Mehrheit warnen, die fürchterlicher als andere Arten politischer Bedrückung sein kann. Unangetastete **Privatheit bietet einen Schutzraum gegen die Einmischung der öffentlichen Meinung** in die persönliche Unabhängigkeit. Das kann heilsam auf die Öffentlichkeit ausstrahlen: »*Originalität ist stets die Frucht der Unabhängigkeit*«, urteilte treffend bereits Benjamin Constant. Das gilt auch für den Konformismus gezielt geschürter politischer Korrektheit, der in die Privatsphäre vordringt, sich in die selbstbestimmten Präferenzen und Ansichten der Bürger einnistet mit der Absicht, ihn zu dressieren, um einen Buchtitel von Reinhard K. Sprenger zu bemühen.

Die Rolle öffentlicher Bedienstete, die beim und für den Staat arbeiten, kann als ambivalent wahrgenommen werden. Einerseits verfügen sie über potenziell weitreichende Mittel, um in die Privatsphäre einzudringen. In Deutschland arbeiten sie dabei unter beträchtlichen rechtsstaatlichen Beschränkungen. Sie haben bei Delikten das Recht und die Pflicht, das Privatleben zu durchforschen. Zugleich sind sie mit der staatlichen Aufgabe des Schutzes sowie der Gewährleistung der Privatsphäre beauftragt. Sie müssen, wenn gerechtfertigt und geboten eingreifen, aber ungerechtfertigte Eingriffe unterlassen. Sie müssen die Privatsphäre vor Verletzungen Dritter schützen, insbesondere vor nicht-staatlichen Dritten, und schließlich Institutionen gewährleisten, die etwa wirksame Beschwerden ermöglichen und den Datenschutz sicherstellen. Gesetze wie die Unverletzlichkeit der Wohnung, des Post- und Fernmeldegeheimnisses sowie das Bundesdatenschutzgesetz bilden eine Handlungsgrundlage.

PRIVATHEIT ALS FREIHEITSZITADELLE

Liberale warnen immer wieder: In totalitären Regimen ist niemand nirgendwo sicher. Nicht nur in der DDR war der Inlandsgeheimdienst Bestandteil der Familie. Deshalb ist Privatheit als Schutz gegen Eingriffe ein so bedeutendes Prinzip. Das gilt aber auch für die Abwehr wohlfahrtsstaatlicher Übergriffe. Das individuelle physische oder moralische Wohl berechtigt ohne Einwirkung Dritter keinesfalls zu einem obrigkeitlichen Eingreifen.

Der Kampf um die Privatheit ist der Kampf um Freiheit, denn Freiheit bedeutet, sein Leben auf eigene Weise führen zu können, ohne unerbetene Einmischung von Dritten. Wo Privatheit herrscht, dort ist die Macht in die Schranken gewiesen. Privatheit gleicht einem Nutzungsausschluss, der für die Sphäre des Einzelnen gegenüber den Mitbürgern und dem Staat gilt. Diese aufrechtzuerhalten liegt im Interesse einer friedlichen Gesellschaft und aller ihrer Mitglieder.

In gleichem Maße, wie die Kontrolle des einzelnen Menschen der Herrschaftssicherung und Gestaltung der Gesellschaft nach engen Vorgaben dient und dazu ein Eindringen in die Privatsphäre notwendig ist, gilt umgekehrt: **Privatheit entmachtet und sorgt über individuelle Eigenheit für gesellschaftliche Vielfalt.** Wolfgang Sofsky konstatiert: *»Nur wenn* *private Angelegenheiten den Menschen selbst überlassen bleiben, kann sich eine Vielfalt von Lebensformen entwickeln, die einer Gesellschaft Farbe und Dynamik verleihen.«* Liberale schätzen Vielfalt, Unterschiede und Ungleichheit. Liberale möchten, dass es den Menschen gut geht.

Bedenkenswert erscheint, dass weder das Recht noch der Rechtsstaat die Freiheit des Privaten gewährleisten können, sondern das letztlich nur die *»reale Geheimhaltung«* des Einzelnen vermag, also dessen Privatheit. Deshalb ist Privatheit die *»Zitadelle der persönlichen Freiheit«.*

Bereits vor über 200 Jahren wies Benjamin Constant darauf hin, dass es gefährlich wäre, wenn sich die Menschen ausschließlich auf ihre private Unabhängigkeit konzentrieren würden. Das Recht auf die politische Teilhabe ist zur Sicherung von Privatheit und Freiheit bedeutsam und heute in einer Gesellschaft mit Millionen Menschen nicht ganz einfach zu realisieren. Auch Wolfgang Sofsky betont, paradoxerweise bedarf die Verteidigung der Freiheit der Öffentlichkeit. Schließlich ist es nicht dem Einzelnen, sondern erst der Masse möglich, Privatheit gleichsam auf der Makroebene politisch zu erringen und zu verteidigen. Hier scheint die Ambivalenz des Staates auf. Damit werden Unterschied und Nexus von Privatheit und öffentlicher Sache deutlich. In der res publica ist der übliche Schritt der von Konventionen zum Recht.

Die erste und letzte Linie, um die Freiheit zu erhalten, sie gar zu retten, ist die Verteidigung des Privaten.

6. PRINZIP

DIE SPONTANE ORDNUNG
MACHT UNS GROSS

Lasst alle kreativen Energien unbehindert.
Organisiert die Gesellschaft nur insoweit, dass
sie in Harmonie mit dieser Botschaft handelt.
Leonard E. Read

Sprache und Schrift, Mode und Musik, darunter Jam Sessions und ganze Musikstile, Moral und Recht, die Literatur und ihre diversen Genre, sowie Vogelschwärme und die Evolution selbst – all das und noch viele andere Erscheinungen sind spontane Ordnungen. Wir können Muster erkennen, aber es gibt niemanden, der diese Muster entworfen und realisiert hat. Ein anderer Begriff dafür lautet: nicht-deterministisch, d.h. es gibt keinen direkten Ursache-Wirkungszusammenhang für das Ganze und es bestehen Unsicherheiten bezüglich der Struktur, die das Resultat von sehr vielen handelnden Akteuren ist.

Liberale messen spontanen Ordnungen eine herausragende Bedeutung zu. Sie sind zwischenmenschlich betrachtet Ausdruck einer freien Gesellschaft und beruhen auf bewährten Regeln. Sie stehen für Vielfalt, Chancen und Wohlstand. Spontane Ordnungen vergrößern über das Gegenseitigkeitsprinzip unsere Möglichkeiten. Sie sind gleichermaßen schützenswert wie nicht konstruierbar. Anders als organisierte Systeme sorgen spontane Ordnungen für Flexibilität und rasche Anpassungen. Außerdem spielt Selbstverantwortung in spontanen Ordnungen eine wichtige Rolle. Die spontane Ordnung von Wirtschaft und Gesellschaft ist das zentrale Prinzip der freien, prosperierenden Welt.

Im Unterschied dazu zeichnen sich gezielt konstruierte Organisationen regelmäßig durch viele Regeln aus, die weniger Freiraum und Freiheit zulassen, die mit vielen Verhaltensbeschränkungen und belastender Bürokratie einhergehen und dabei regelmäßig, vielfach überwiegend die falschen Menschen treffen. Organisationen schränken Vielfalt ein, indem sie Abläufe regeln. Spontane Ordnungen hingegen sind der Inbegriff von Vielfalt, von Kreativität und Innovation.

Der **Begriff** spontane Ordnung bezeichnet eine sich selbst generierende Ordnung, sich selbst organisierende Strukturen. Eine spontane Ordnung ist nach dem berühmten Ausspruch von Adam Ferguson, dem schottischen Sozialphilosophen, das Ergebnis menschlichen Handelns, aber nicht menschlicher Absicht. Eine alternative Formel lautet: **die unbeabsichtigte Koordination beabsichtigten Handelns.**

Kein Mensch und auch keine Gruppe von Menschen kann die Mode von sich aus erdenken, produzieren lassen und die Menschen in der Welt dazu bringen, diese Mode zu tragen. Dasselbe gilt für Sprache, die steten Veränderungen unterliegt, die sich von unten nach oben durchsetzen. Dabei spielt Effizienz eine wesentliche Rolle. Artifizielle Sprachmonster mit und ohne Sternchen haben keine Chance und können allenfalls zwischenzeitlich verordnet werden. Stets bilden Versuch und Irrtum, gute Absicht und unüberschaubare Folgen ein Paar. Viele kleine Teile können planvoll erdacht werden, nicht jedoch die gesamte Ordnung in ihrer Vielfalt und in ihren Verästelungen. Jeder Mitwirkende an der spontanen Ordnung verfolgt lediglich seine eigenen Ziele und wirkt doch an der Ausprägung eines gemeinsamen Musters mit. Spontane Ordnungen sind zudem **vollkommen zwanglos.**

Schon der zur Zeit der europäischen Antike lebende chinesische Philosoph Zhuangzi sah die Gesellschaft als einen natürlichen Prozess an, ohne zentrale Steuerung. Er schrieb, dass *»jeder Einzelne seine eigenen Vorlieben verfolgen sollte … Man wird zum Ideal des Nichtherrschens und zu der Methode geführt, die Welt allein zu lassen.«* Während der europäischen Aufklärung betrachteten David Hume und Adam Smith Versuche die Gesellschaft zu planen mit großer Skepsis. Die meisten wertvollen sozialen Institutionen seien gerade nicht ein Produkt der Vernunft. Auch die Arbeitsteilung sei nicht Auswuchs menschlicher Weisheit, sondern notwendige Folge einer *»gewissen Neigung, eine Sache gegen eine andere zu tauschen.«* Im Allgemeinen werde, wenn Menschen ihre natürliche Freiheit ausüben dürfen, eine weitaus komplexere soziale Ordnung entstehen, als durch bewusste Gestaltung möglich sei. Adam Smith erkannte, dass soziales Wohlergehen das Ergebnis unbeabsichtigten Handelns ist. In China war das für Millionen Menschen der Fall nach der Abkehr von der Planwirtschaft und einer allmählichen marktwirtschaftlichen Öffnung.

Es lohnt sich diese zeitlose Erkenntnis zu betonen: **Soziales Wohlergehen** ist das Resultat von Handeln, ohne dass es eine Rolle spielt, ob man das Handeln selbst als moralisch erachtet. Zugleich ist das Wohlergehen regelmäßig nicht intendiert. Ein Beispiel: Niemand hat bei seinem Handeln das Ziel verfolgt, hunderte Millionen Menschen in den letzten Jahrzehnten aus der Armut zu befreien und doch brachten unzählige Tauschhandlungen und produktiv investiertes Kapital genau dieses Ergebnis.

Die Nobelpreisträgerin Elinor Ostrom hat aufgezeigt, dass entgegen etablierter Annahmen, das Nutzen gemeinsamer Ressourcen durch verschiedene Akteure, z.B. eine in einen Wald übergehende Gemeindewiese oder Fischgründe oder Wasserbassins, sorgfältig und nachhaltig geschehen kann. Die emergent entstehende Nutzung erweist sich, empirisch weltweit belegt, einer staatlichen Regulierung überlegen, weil die natürliche Ressource besser erhalten wird.

Der **Kapitalismus** ist recht verstanden eine spontane Ordnung. Die industrielle war eine institutionelle Revolution. Die Industrialisierung war Teil einer langfristigen Entwicklung der kapitalistischen Wirtschaft, die vor etwa 400 Jahren einsetzte und im Mittelalter wurzelte. Erst mit und durch den Kapitalismus wurde die Armut dauerhaft beseitigt. Dieser entwickelte sich ungeplant und nicht gesteuert von Frühformen eines Kaufmannskapitalismus der Antike, des Mittelalters und der Frühen Neuzeit vor allem in Europa, ferner in Teilen Arabiens, China und später in Nordamerika. Über Jahrhunderte existierte er nur inselartig inmitten des Feudalismus, weithin sichtbar frühzeitig in Gestalt der Hanse. Mit der Ausbreitung der Geld- und Kreditwirtschaft und neuen Formen der Arbeitsorganisation expandierte der Frühkapitalismus während der Protoindustrialisierung. Als massenhaftes Phänomen entstand der Kapitalismus als institutionelle Revolution während der industriellen Revolution seit dem Ende des 18. Jahrhunderts. Massenproduktion, rasantes Bevölkerungswachstum und ein historisch einzigartige Wohlstandsentwicklung gingen Hand in Hand – ungeplant und nicht beabsichtigt.

Das sogenannte Gemeinwohl entsteht aus eigennützigen Motiven. Es ist eine unbeabsichtigte Folge menschlichen Handelns. Unbeabsichtigte, weitgehend zufällig auftretende Folgen des Handelns sind vorteilhaft und werden deshalb imitiert. **Unternehmen sind die größten Wohlfahrtsstifter.** Liberale achten die unzähligen kleinen und großen Verbesserungen von Produkten und Dienstleistungen im Wissen um die enormen Herausforderungen, etwas was Menschen benötigen zu schaffen und am Markt rentabel zu etablieren. Die Arbeitsplätze und sozialen Netzwerke sind dabei noch nicht einmal berücksichtigt.

In den 1980er Jahren wies der renommierte Politikwissenschaftler Robert Axelrod nach, dass sich Kooperation in einer Welt von Egoisten ohne zentrale Autorität entwickelt und robust durchsetzt. Die beste Strategie, um seine Ziele zu erreichen und das beste Gesamtergebnis für alle zu erreichen ist in seinen spieltheoretischen und -praktischen Wettbewerben die Kooperation in Verbindung mit reziprokem Verhalten (»Tit for Tat«).

UNGEPLANTE VIELFALT

Wir Menschen denken in Ursache-Wirkungszusammenhängen. Ereignisse ohne direkt erkennbare Ursache bezeichnen wir gerne leichthin als Zufall, Glück, Unglück. Darüber vergessen wir immer wieder uns zu wundern und zu erfreuen, an all den

Dingen, die das Ergebnis menschlichen Handelns sind und doch von niemandem so beabsichtigt wurden.

Die für Liberale vielleicht berühmteste **marktwirtschaftliche Geschichte** ist »*Ich, der Bleistift*« von Leonard Read, dem Gründer des ersten klassisch liberalen Think Tanks in den USA: Foundation for Economic Education. Die Ausgangsfrage des kurzen Essays lautet: Wer kann einen Bleistift herstellen? Die Antwort lautet: Niemand allein. Vielmehr ist ein weitverzweigtes Netzwerk von Menschen tätig, die weit überwiegend nichts mit der Produktion des Bleistifts zu tun haben und nicht einmal wissen, dass ein Bleistift hergestellt wird, darunter diejenigen, die die Maschinen, Fahrzeuge und Straßen gebaut haben, auf denen die Roh-, Hilfs- und Betriebsstoffe transportiert werden, die für das Holz, die Metallhülse, den Radiergummi und das Graphit benötigt werden oder die den Kaffee erzeugen, den die Menschen während ihrer Arbeit in der Bleistiftfabrik trinken.

Die Herstellung eines Morgenkaffees ist ähnlich komplex. Der New Yorker Autor A. J. Jacobs hat deshalb in seinem Buch »*Thanks a Thousand*« eintausend Menschen persönlich gedankt, die an der Herstellung seines Bechers Morgenkaffee unmittelbar und mittelbar mitgewirkt haben – vom Coffee Shop über die Hersteller des Deckels vom Kaffeebecher und den vielen unbekannten Menschen in der Qualitätssicherung von Kaffee und Wasser bis zu den Plantagenarbeitern.

Da alle guten Dinge drei sind, sei an dieser Stelle noch die sehr schön gestaltete Homepage »*It's a Wonderful Loaf*« erwähnt. Dort hat Russ Roberts sein wunderbares Gedicht über die arbeitsteilige Herstellung eines Brots veröffentlicht – mit Audio- und Videobeitrag. Das Gedicht des Ökonomen und Talkmasters (Econtalk) steht in der Tradition der wunderbaren Arbeitsteilung von Adam Smith, der von Friedrich August von Hayek herausgearbeiteten Funktionsweise der spontanen Ordnung sowie der Beobachtung von Frédéric Bastiat, die Einwohner von Paris würden ruhig schlafen können, obwohl es keinen Brot-Baron gebe, der die Herstellung und Verteilung von Brot organisiert.

DAS KOORDINATIONSPROBLEM UND SEINE LÖSUNG

Die beste Koordination von Ressourcen leistet die Marktwirtschaft mit ihren drei Institutionen: Privateigentum, Preis und Profit/Verlust. Sie ermöglichen das Entstehen von Informationen, Anreizen und Innovationen. Auch in Krisenzeiten, darunter Naturkatastrophen und Pandemien, löst die spontane Ordnung der Marktwirtschaft das Koordinationsproblem am Besten und ungleich besser als die Organisationsalternative der Behörden. Das gilt auch für die Verteilung von Impfstoff und ist für den Wirbelsturm Katrina mit der Katastrophen-Ökonomie gut belegt. Wer das paradox findet, dem sei »*The Price of Everything*« von Russ Roberts nahegelegt.

Hinzu kommt die inhärent mit Märkten verbundene Koordination über Konventionen, Normen und andere Formen gemeinschaftlicher und gesellschaftlicher Regeln. Ein zeitloses Bild ist das des ehrbaren Kaufmanns, der zu seinem Wort steht und den Geschäftspartner als solchen ansieht, ihn daher fair behandelt und nicht übervorteilt, der sich um seine Angestellten kümmert und seinen Teil zur Verbesserung ihrer Lebenssituation über das Gehalt hinaus beiträgt. Die Geschichte erfolgreicher Familienunternehmen illustriert das anschaulich.

Spontane Ordnungen müssen nicht komplex sein, können aber viel komplexer werden als von Menschen geschaffenen Organisationen. Sie können für das menschliche Betrachten und das Gehirn leicht zu komplex werden, um sie vollständig zu erfassen. Das gilt insbesondere für ihre vielen Bestandteile und deren Zusammenwirken in Ursache-Wirkungsketten mit Rückkopplungen über die Zeit hinweg. Mit unserem Gehirn können wir nur bis zu sieben Faktoren kombinieren und reduzieren das Geschehen gerne auf einfache Kausalzusammenhänge. Das geht einher mit einem Faible für überschaubare Organisationen und starke Anführer. Bezeichenderweise gingen die größten Gräueltaten nur von ihnen aus. Die spontane Ordnung ist friedlich.

Liberale wissen um die Kraft spontaner Ordnungen. Eine Gesellschaft ist weder eine Gemeinschaft noch eine Organisation. Entstanden aus dem Zusammenwirken vieler Menschen bildet sich eine Ordnung aus vielfältigen Anpassungen an unzählige Einzeltatsachen, die einer Einzelperson verborgen bleiben. Muster lassen sich erkennen, aber niemals das vollständige Wissen begreifen, das während der Interaktion der Beteiligten entsteht. Die Einzelpersonen verfolgen ihre individuellen Interessen. Die Summe ist weitaus mehr als die der Teile.

STAAT SOLLTE KEINEN SCHADEN ANRICHTEN

Da wesentliche Institutionen natürlich, emergent, ungeplant entstanden sind, gibt es wenig, was die Regierung diesbezüglich tun muss. Eine vielfach unterschätzte Aufgabe des Staates ist es, keinen Schaden anzurichten. Dann kann in einer Ordnung der Freiheit die Koordination unterschiedlicher Ziele von allein geschehen, in wirtschaftlicher Hinsicht leisten Preise, Eigentum sowie Gewinn und Verlust entscheidende Koordinationsarbeit. Die geordneten, rechtmäßigen Absprachen und die kooperativen Handlungen benötigen offensichtlich keine ordnende Hand. Das erledigt bereits die unsichtbare Hand. Und der Versuch mit einer starken sichtbaren Hand eine andere, vermeintlich bessere Ordnung herbeizuführen, führt regelmäßig zu folgenreichem Scheitern.

Dasselbe gilt für die häufig angestrebte staatliche Korrektur der Ergebnisse, die das Resultat des freien Handelns vieler ist. Warum? Weil die Akteure, die den Staat bilden, nicht unabhängig und interessenlos agieren – sie schaffen Gewinner und Verlierer allein nach ihren selektiven Präferenzen. Dabei mangelt es ihnen an Wissen über die Gesamtordnung und die weitreichenden Folgen ihrer Entscheidungen. Sehr grundsätzlich würden Liberale fragen: Haben sie überhaupt die Anreize und Fähigkeiten das »Richtige« zu tun? Und für wen ist das Richtige richtig?

Die spontane Ordnung ist ein **komplexes, interdependentes Ursache-Wirkungssystem**, in dem Informationen generiert werden, die durch staatliche Befehle, Anordnungen und Eingriffe vielfältig gestört, verzerrt und beeinträchtigt werden. Das gilt insbesondere dann, wenn Parteipolitik im Spiel ist und sobald die Organisation des Staates die emergente, soziale Ordnung verdrängt.

Wer die spontane Ordnung ändert, ändert leicht auch die Kräfte, die sie erzeugen. Wer die **Regeln** ändert, die von den Elementen der Ordnung befolgt werden, wird Ergebnisse zeitigen, die er nicht vorhersehen kann. Das ist heute beinahe überall beobachtbar. Beispiele sind die Folgen der Niedrig- und Nullzinspolitik, die die Immobilienpreise treibt und die untere Mittelschicht verarmen lässt, ferner die Auslandseinsätze von Streitkräften, die im Fall von Afghanistan nunmehr 20 Jahre währen und wie von Beginn an prognostiziert mit dem Sieg der Taleban enden, schließlich die Mietpreisbremse, die die Zahl der verfügbaren Wohnungen und deren Qualität reduziert, während diese unter der Hand vergeben werden.

Einige der Regeln werden im Laufe der Zeit verbessert, von den Menschen, die Teil der Ordnung sind, weder systematisch noch auf einen Gesamtzweck gerichtet. Der Prozess verläuft evolutionär, nicht revolutionär. Es ist ein Versuch- und Irrtumsverfahren, wobei die Regeln bewährtes Verhalten bündeln und beschränken.

Gerechtigkeit verstanden als Durchsetzung des Rechts gibt jedem Teilnehmer die gleiche rechtliche Möglichkeit bei unterschiedlichem individuellem Vermögen. Das Durchsetzen der Regeln ist die Aufgabe des Staates. Aufgrund der **Unvorhersehbarkeit** des individuellen Handelns und der Interaktionen, sind die Ergebnisse vielfach im Vorhinein nicht bekannt. Das zeichnet die spontane Ordnung offener Gesellschaften aus und verleiht ihnen den Vorteil eines unübertroffenen Entdeckungsverfahrens im Vergleich zu autoritären, organisierten Gesellschaften.

Liberale wissen, dass eine Marktwirtschaft ein Gerüst von Regeln enthält. Diese Regeln sind ein immanenter Bestandteil und nicht eine davon losgelöste Rahmenordnung. Insofern stimmt es gerade nicht, dass die Marktwirtschaft von Voraussetzungen leben würde, die sie nicht selbst schaffen würde. Im Gegenteil. Die Menschen auf Märkten lassen durch ihr Handeln genau diese Regeln gerechten Verhaltens entstehen. Sie zu systematisieren und transparent zu machen kann eine hilfreiche Staatsaufgabe sein,

Wer sich auf die spontane Ordnung verlässt, der gibt Kontrolle ab und setzt Potenziale frei. **In einer spontanen Ordnung, einem komplexen dynamischen System, hat niemand insgesamt das Sagen.** Das ist die schönste Form der Anarchie – es gibt keinen Herrscher. Im Sinne Friedrich August von Hayeks ist eine freie Gesellschaft eine pluralistische Gesellschaft ohne gemeinsame Hierarchie konkreter Ziele. Das unterscheidet sie von der Volksgemeinschaft, der Gesellschaft des Arbeiter- und Bauernstaats sowie von allen Formen eines Termitenstaates, um mit Wilhelm Röpke zu sprechen.

Vor diesem Hintergrund kann das Ziel einer liberalen Politik nicht ein Höchstmaß im Voraus bekannter Ergebnisse sein, sondern nur eine abstrakte Ordnung. Der Staat dient also nicht spezifischen Zwecken und bestimmten Gruppen, sondern dem Erhalt der spontanen Ordnung.

7. PRINZIP

DER MINIMALSTAAT IST DAS MAXIMUM

*Das sind die Aufgaben, die
die liberale Lehre dem Staat zuweist:
Schutz des Eigentums,
der Freiheit und des Friedens.*
Ludwig von Mises

Für Liberale ist der Staat mit seinen Gewalt- und Zwangsinstrumenten nur erforderlich, um den Frieden im Innern und nach außen zu sichern. »*Das sind die Aufgaben, die die liberale Lehre dem Staat zuweist: Schutz des Eigentums, der Freiheit und des Friedens.*« So konzise formulierte Ludwig von Mises die Staatsaufgabe.

Das Wort **Frieden** stammt vom althochdeutschen Wort *fridu* und meint Schonung, Freundschaft. Es beschreibt einen heilsamen Zustand der Abwesenheit von Krieg, von Beunruhigungen, nach christlichem Verständnis einen Zustand der Ruhe und Stille. Das hebräische Wort für Frieden lautet Schalom. Ursprünglich meint das: Vervollständigung, später sicher und wohlbehalten sein sowie freundlich miteinander. Schalom resultiert aus Gerechtigkeit. Im Islam bedeutet salâm: Sicherheit, Unversehrtheit, Ganzheit, Frieden.

Das offenkundige Problem ist, dass von je her einige Menschen den Frieden brechen, den Hausfrieden stören, fremdes Eigentum trotz Einfriedung rauben, nach unrechtmäßiger Bereicherung streben und dafür List und Tücke, Zwang und Gewalt einsetzen. Hinzu kommt, dass ohne verbindlichen, friedenssichernden Ordnungsrahmen, der als Rechtsordnung auch durchgesetzt wird, eine Gemeinschaft regelmäßig in verfeindete Parteien zerfällt, die um die Herrschaft ringen. Das wirft die Frage auf:

WER SORGT FÜR FRIEDEN?

Der Staat und seine Vorläufer sind die historisch nahezu alternativlose Lösung; für Liberale ist der Staat zugleich das Problem. Ein Gewaltmonopol kann zwar für Frieden sorgen, aber auch Krieg und nutzlose Auslandseinsätze führen sowie seine Ausnahmemachtstellung missbrauchen. Die Zentralgewalt verursacht in den falschen Händen ein unvergleichbar schlimmeres Elend als es dezentral, geschweige denn ohne das Machtmonopol möglich erscheint. Das führt zu der Frage: Wer kontrolliert den Gewaltmonopolisten und wie ist ein wirksames Einhegen möglich?

Liberale verfolgen eine doppelte Strategie:

1. Erstens soll das **Machtmonopol so klein wie irgend möglich**, d.h. Zuständigkeiten und Kompetenzen sollen minimal, das Eingreifen soll minimalinvasiv sein.
2. Zweitens werden **wirksame Checks und Balances** angestrebt, darunter eine echte Gewaltenteilung, zudem der unblutige Austausch der Staatsführung und die Herrschaft des Rechts, dem sich gerade die Angehörigen des Staates unterwerfen müssen.

Liberale wissen, dass diese Lösung problembehaftet ist. Die von den Bürgern beauftragten Vertreter sollen nicht ihre persönlichen Interessen vertreten, sondern die Ordnung für alle gleich sichern. Sie verfolgen jedoch ihre eigenen Interessen und verfügen über eine herausragende Machtposition, die sie gegen die oder einige Bürger wenden können – das ist die von Wofgang Sofsky konzise herausgearbeitete Konstellation von *»Macht und Stellvertretung«*.

Die der Stellvertretung inhärente Tendenz, ihre Machtbefugnisse eigennützig auszuweiten, bedroht die liberale Ordnung unaufhörlich. *»Ja, der Staat war einst für den Bürger da. Das hat sich geändert. Heute ist der Bürger für den Staat da!«*, kritisierte Reinhard K. Sprenger. Aus diesem Widerspruch gibt es für Liberale allerdings keinen Ausweg. Nur zeitweise können dem mehr oder weniger erfolgreich Regeln, Verfahren, Überschaubarkeit und vor allem unabhängige Menschen entgegenwirken. Auch aus vorstaatlichen Formen haben sich Gewaltmonopole und Staaten gebildet. Das ist die unglückliche Situation, für die Liberale keine Alternative gefunden haben. Anarchistische Ansätze wie eine Privatrechtsgesellschaft verlagern in liberaler Perspektive lediglich zeitweise das Problem.

SPONTANE ORDNUNG UND STAAT

Die spontane Ordnung ist weitaus komplexer als jedes bewusst erdachte und geplante System. Die Fähigkeit zur Koordination ist unübertroffen. Der organisierende Staat unterliegt im Vergleich (fast) ausnahmslos. Kein Mensch besitzt die erforderlichen kognitiven Fähigkeiten. Alle verfügbaren Daten sprechen nicht für sich selbst. Erst die Handlungen der Menschen ergeben die nicht-planbaren Informationen. Der amerikanische Ökonom Israel Kirzner beschrieb die Unterlegenheit von Organisationen wie folgt: »*Außerhalb des Marktkontextes gibt es im Rahmen der ökonomischen Theorie nichts, was verlässlich irgend einen systematisch ablaufenden Prozess wechselseitiger Entdeckungen erzeugt, der dazu tendieren könnte, durch schiere Unwissenheit verursachte Phasen sozialer Suboptimalität zu beseitigen.*«

Das Zulassen von Komplexität, Vielfalt und unübersehbaren Entwicklungen als Entwicklungs-, Entdeckungs-, Versuchs- und Irrtumsverfahren sorgt für Vielfalt, Wohlfahrt, Wohlstand, Glück, lässt in einer spontanen Ordnung überholte Ideen, Verfahren und Produkte verschwinden. Die staatliche Organisation kennt keine Alternative. Das ist nicht verwunderlich, ähnelt die Staatsbürokratie doch eher einem hierarchischen Konzern als einer vielgestaltigen, komplexen Volkswirtschaft.

Friedrich August von Hayek hat spontane Ordnungen als Kosmos bezeichnet. Davon unterscheidet er Organisationen, die er mit dem Begriff der Taxis, der griechischen Schlachtreihe belegt. Der Staat ist eine gezielt errichtete Organisation mit festgelegten Zwecken und Verfahren. Die Gesellschaft – und als ein wesentlicher Bereich davon die Marktwirtschaft – folgt als spontane Ordnung weder einem Plan noch einem Entwurf. Eine offene Gesellschaft kennt keine festen Ziele, keinen guten oder idealen Endstatus. Das ist sogar ihr Wesen.

Vor 70 Jahren wies Hayek zudem auf einen **folgenschweren** Irrtum hin: Der Glaube, dass Entwicklungen, die bewusst dirigiert werden, denen einer spontanen Entwicklung überlegen seien. Vielfach löst die spontane soziale Interaktion Probleme, die sich niemand allein oder in einer Expertengruppe ausdenken kann. Tatsächlich laufen soziale Prozesse anders als soziales Handeln von Individuen per se unbewusst ab. Und jeder Versuch das Ergebnis einer solchen wahren sozialen Ordnung bewusst zu verändern erfordert Restriktionen sozialen Handelns.

Fast alles, was für das Zusammenleben von Menschen erforderlich ist, lässt sich aus liberaler Perspektive ohne den Staat regeln. Für die Masse der erforderlichen organisatorischen Tätigkeiten ist keine staatliche Bürokratie notwendig – die Aufgaben können privat organisiert und mit besserer Qualität erledigt werden. Das gilt besonders für Bildung, Infrastruktur, Geld, Gesundheit, Ver- und Entsorgung, Nahverkehr, Post, Rundfunk und Fernsehen – von vielen zu unterlassenden, ersatzlos entfallenden Staatstätigkeiten ganz zu schweigen. Das ist einer der Gründe, warum Liberale die Zwangsmaßnahmen einer Staatsführung auf ein Minimum beschränken wollen. Die Aufgabe des Staates soll sich demnach primär auf den Schutz der Privatsphäre jedes einzelnen Bürgers beschränken.

Diese zutiefst liberalen Grundsätze entsprechen nicht und entsprachen selten der herrschenden Meinung. Die soziale, demokratische Staatsauffassung ist geprägt von Anspruchshaltungen, die als positive Rechte formuliert werden und gesellschaftlichen Gruppen zugeschrieben werden. Der Staat wird zum Vermittler und Anwalt von Gruppen und ihren Ansprüchen sowie daraus resultierenden Konflikten (Stichwort »soziale Gerechtigkeit«). Folglich entsteht die Gesellschaft nicht aus einer spontanen Ordnung, sondern wird durch den politischen Willen der Herrschenden geformt. Die Freiheit des Einzelnen, sein Eigentum und seine Selbstverantwortung kommen so unter die Räder.

FÜR DEN STAAT GELTEN AUSNAHMEREGELN

Der Staat beruht auf Privilegien, die nur die Angehörigen des Staates genießen, nicht aber die übrigen Bürger. Das gilt besonders für Beamte, Angestellte und Politiker sowie offenkundig für Soldaten. Der Staat steht über den Bürgern, allerdings soll er das nur, um ihnen zu dienen. Leider gilt Lord Actons zeitloses Diktum: Macht korrumpiert, absolute Macht korrumpiert absolut.

Liberale betonen immer wieder: Der Staat funktioniert nach dem Prinzip der Organisation – anders als die Gesellschaft und ihre spontane Ordnung. Organisationen sind das Ergebnis menschlicher Planung oder menschlichen Entwurfs. Der Staat ist als Bürokratie selbstbezogen. Die auf Tausch beruhende Marktwirtschaft beruht auf der Notwendigkeit, anderen einen Nutzen zu stiften.

Bürokratien sind nach genauen Regeln und Vorschriften organisiert, die von übergeordneten Personen festgelegt werden und die Freiheit, das, was nach eigener Überzeugung am Besten zu tun ist, einschränken. Nach dem Weisungsprinzip werden Aufgaben gegliedert, zugewiesen und von zuständigen Organisationsbereichen (Behörden und ihren Untergliederungen) bearbeitet. Die Kernaufgabe der Verwaltung ist das Normieren, Standardisieren und das Vermeiden von Normabweichungen, die sanktioniert werden müssen. Leistungsfähigkeit, Effizienz und Innovationskraft sind dementsprechend im Apparat minder entwickelt oder können sich minder entfalten im Vergleich mit vielen privaten Unternehmen auf Wettbewerbsmärkten. Unternehmen mit schlechten Produkten und Dienstleistungen oder ungenügendem Management verschwinden vom Markt, Behörden praktisch niemals. Das fällt in einer immer komplexeren und dynamischen Welt stärker denn je auf.

KOORDINATIONSSKLEROSE

Liberale wissen, woran das liegt. Werden Tätigkeiten von der Gesellschaft auf den Staat übertragen, ändert sich damit Grundlegendes: Die Bürokratie arbeitet selbstbezogen nach Zuständigkeiten, die privaten Organisationen und Unternehmen hingegen außenbezogen. Das staatliche Wissen ist das der vorhandenen Experten und Sachbearbeiter. Motivation und Ziele von Beamten und Staatsangestellten einschließlich Soldaten und Polizisten sowie deren Koordination folgen anderen Grundsätzen als das bei Unternehmern, Angestellten, Bürgern im freien Austausch und ehrenamtlich tätigen Menschen der Fall ist. Die Bürokraten tragen nicht die Schuld daran, dass sie ihre Aufgaben nach dem Prinzip der Verwaltung erledigen. Das ist ihre Pflicht, ihr Job. Viele wissen selbst um die Unzulänglichkeiten.

In einer Bürokratie gibt es keine Preise und somit keine vergleichbare Koordination – weder von knappen Ressourcen noch von verstreutem Wissen. Mangels Maßstab (d.h. Preis) ist keine Kosten-Nutzen-Rechnung möglich. An ihre Stelle tritt (allenfalls) das möglichst genaue Einhalten der Vorschriften. Das macht den Staatsapparat schwerfällig und wirft vielfach die Frage nach der Realitätsnähe auf. Das gilt besonders dann, wenn die Staatsbürokratie einer noch dazu wechselnden politischen Agenda unterworfen wird.

Sobald der Staatsapparat konkrete Ziele, zumal mit festgelegten Mittel verfolgt, verdrängen diese auch geeignetere Alternativen. Es gibt keinen Konkurrenten zum Staat, der diese ausprobieren könnte. Zudem sind die staatlichen Beziehungen zu den Abnehmern der Leistung grundsätzlich anonymer und ebenfalls durch Vorschriften geleitet, weniger primär durch das Streben nach erfolgreichen Lösungen oder persönlicher Anteilnahme. Bürokratien fehlt das Märkten und Gesellschaften innewohnende Entdeckungs- und Entmachtungsverfahren. Das liegt am System, nicht an den Menschen. Und das System wurde mit Absicht so errichtet.

Schließlich ändert sich mit der Verlagerung der Tätigkeiten auf den Staat wer entscheidet: »*Die wahren Herrscher im kapitalistischen System der Marktwirtschaft sind die Verbraucher. Sie entscheiden – indem sie kaufen oder von einem Kauf absehen – wer das Kapital besitzen und wer die Fabriken leiten soll. Sie legen fest, was und in welcher Menge und Qualität produziert werden soll. Ihre Ansichten bestimmen Gewinn oder Verlust des Unternehmers. Sie machen Arme reich und Reiche arm*«, urteilte Ludwig von Mises. Wann war der Bürger jemals der wahre Herrscher der Bürokratie?

Diesem wirtschaftlichen und gesellschaftlichen Bottom-up-Ansatz steht der staatliche Top-down-Ansatz gegenüber. Im bürokratischen System des Staates herrschen gut vernetzte Machtpolitiker und führende Beamte. Sie entscheiden, indem sie anordnen, wer gewinnt und wer verliert, indem sie verteilen, vor allem Steuergelder und Privilegien. Die Ansichten dieser wenigen Angehörigen des Staates bestimmen über rechtliche, soziale und ökonomische Folgen für sehr viele Menschen. Ihre Fehler haben weitreichende Folgen. Ohne institutionelle Konkurrenz lassen sich diese zudem schwer korrigieren.

Liberale haben immer und immer wieder aufgezeigt:
— Die Koordination des Wissens und das Messen der Ergebnisse unterscheiden sich in beiden Sphären.
— Es gibt keine Mischung von Ordnungsregeln und staatlichen Organisationsregeln ohne gravierende Schäden.

UNBEABSICHTIGTE FOLGEN

Der Staat erzeugt mit seinen Eingriffen regelmäßig Chaos, verschlechtert die Lebenssituation vieler und privilegiert wenige. Erstere bleiben meist unsichtbar, letztere werden präsentiert. Regelmäßig sollen unliebsame Ergebnisse, die die vielen Marktteilnehmer erzielt haben, nach den Maßstäben der wenigen Staatsvertreter und der mit ihnen verbundenen politisch relevanten Lobbygruppen geändert werden. Die groben Maßnahmen und die strukturelle Unfähigkeit, die Gegenreaktionen zu antizipieren, sorgen dann für weitere Eingriffe und eben Chaos, darunter Arbeitslosigkeit, relative Verarmung und verminderte allgemeine Wohlfahrt sowie soziale Spaltung. Es gehört zu den großen Irrtümern, dass insbesondere zentrale politische Lenkung einen ökonomischen oder gesellschaftlichen Fortschritt befördert. Das Gegenteil ist grundsätzlich und weit überwiegend der Fall. Bei autoritären Systemen ist das anerkannt, bei demokratischen eher nicht. Die fundierte Kritik an Interventionen in die Wirtschaft füllt Regale, wenn nicht Bibliotheken. Liberale bedauern die Folgenlosigkeit.

Woran liegt das? In der Marktwirtschaft gilt, dass Kapital in Branchen gebunden ist und sich nicht einfach in eine andere Branche transferieren lässt, zumal das Kapital mit spezifischem Wissen verbunden ist. Das trifft auch auf Menschen zu, die an ihren Beruf und ihre Heimat gebunden sind. Ein Beispiel:

In einem Fischerdorf ist die Arbeit der Fischer hart. Sie mögen sich selbst für ihre Kinder wünschen, dass diese aufsteigen und ein angenehmeres Leben führen. Der Staat möchte relative Armut bekämpfen und z. B. Bildungsprogramme auflegen. Damit beginnt ein facettenreicher Wandel mit vorteilhaften und nachteiligen Wirkungen: Manche Menschen möchten nichts lieber als in der Geborgenheit ihrer Heimat leben. Andere brechen in die Ferne auf, studieren, möchten zurückkommen und das Dorfleben bereichern. Was nützt indes ein Studium der Literaturwissenschaften oder des Ingenieurwesens in dem Fischerdorf? Investieren wohlhabende Menschen von außerhalb im Fischerdorf, kaufen sie sich dort eine Wohnung oder ein Haus, dann bringt das Kapital, aber keine Arbeit in der Tradition des Dorfes. Ein Strukturwandel nimmt Formen an. Die

Mieten steigen. Exklusivere Geschäfte ziehen nach. Der Wohlstand ist gestiegen. Fischer verlieren mitunter ihr Zuhause. Nun befürworten politische Initiativen vielleicht die Durchmischung von Wohngebieten und verpflanzen Fischer in die Nachbarschaft von Investmentbankern. Der Strukturwandel soll staatlich gesteuert oder verzögert werde. Selbst wenn sich die Investmentbanker indes um die eingepflanzten Seeleute kümmern, ist eine Koexistenz des Fischer- und des Investmentbanker-Lifestyles kaum möglich. Also wird sich die Minderheit anpassen müssen oder ein Fremdkörper bleiben.

Diese und viele ähnliche Entwicklungen sind derart facettenreich, dass sie bisher weder durch eine zentrale Staatsmacht erkannt wurden, noch angeordnet werden sollten. Liberale wissen, Fortschritt gelingt, aber inkremental, emergent, von unten nach oben, und keineswegs, weil er beabsichtigt und angeordnet wurde. Konflikte sind eine fortwährende Begleiterscheinung und Teil der Lösung.

Vor diesem Hintergrund sollte nachvollziehbar sein, warum nach liberaler Auffassung die Aufgabe des Staatsapparates einzig und allein der Schutz von Leib, Leben und Eigentum der Bürger ist, während alle weiteren Tätigkeiten schon aufgrund der Fülle unvorhergesehener und unbeabsichtigter Konsequenzen hoch problematisch sind. Hinzu kommt, dass ein ausgreifender Staat mit seiner Bürokratie wenig Eigenständigkeit der Bürger übriglässt, zumal nicht mental. Der Staat wendet sich gegen die Gesellschaft, blockiert Lernen, reformiert selbst die Gesellschaft, statt sich an ihr zu orientieren, und zerstört in riesigem Ausmaß Sozialkapital, um mit dem Staatsrechtlers Karl-Heinz Ladeur zu sprechen.

Liberale betrachten Politik mit mehr Misstrauen als die Masse der Beobachter, Kommentatoren und Praktiker, die Politik vor allem mit Hoffnung verbinden oder politische Versprechen als bare Münze ansehen oder die Gesellschaft nach ihrem persönlichen Weltbild gestalten wollen. Ersteres ist aus liberaler Perspektive eine realistische Haltung, letzteres gegen die Erfahrung aufrecht erhaltenes Wunschdenken und die Ausübung von Herrschaft über Menschen. Versprechen sind Absichtserklärungen, aber keine Realität. Nie wird bekanntlich so viel gelogen wie nach der Jagd und vor Wahlen.

In den USA war während und lange nach der Gründungszeit den Menschen noch bewusst, dass man den mit Zwangsmitteln ausgestatteten Angehörigen des Staates kaum Vertrauen entgegenbringen durfte und sich sogar immer wieder vor ihnen schützen musste. Der Staat war ein notwendiges Übel. In Italien geht man damit pragmatisch um, genauso wie mit der EU und ihren Verordnungen.

SCHÜTZENDER STAAT

Der Ökonom und Nobelpreisträger James Buchanan unterscheidet drei verschiedene Formen des Staates:

— **Protective State**, das ist der schützende Rechtsstaat, der für Sicherheit sorgt.
— **Productive State**, das ist der wirtschaftende Staat, und schließlich der
— **Redistributive State** oder Umverteilungsstaat.

Letzterer kann die Form eines **Predatory State** annehmen, das ist der räuberische Staat, der sich in seiner milden Form in das Leben der Bürger einmischt und ihnen und Unternehmen einige Tätigkeiten und Produkte ihrer Arbeit wegnimmt, während in der schärferen Variante der Predatory State die Bürger für seine politischen Zwecke ausnimmt und einspannt.

Der **schützende Staat** ist das, was Liberale als **Minimalstaat** bezeichnen. Die spontane Ordnung dient keinem spezifischen Zweck. Der Minimalstaat schützt die spontane Ordnung. Der Minimalstaat sichert den Frieden nach außen und den Frieden im Innern, das ist das Handeln der Menschen. Den selbst wirtschaftenden und den umverteilenden Staat lehnen konsequente Liberale ab. Liberale wollen, dass der Staat tut, was das Wenige Seine ist, und lässt, was das Viele der Bürger ist. Wo Staat und Wirtschaft eng verbunden sind, werden beide korrumpiert. Das ähnelt Kartellen, die sich zulasten Dritter verabreden.

Zeitlos und wieder aktuell begründeten die deutschen Neoliberalen 1932 die Notwendigkeit eines Minimalstaats oberhalb der Partikularinteressen; sie lehnten den Wirtschaftsstaat mit seinen punktuellen Eingriffen ab. Der linke Neoliberale Alexander Rüstow forderte *»einen starken Staat, der über den Gruppen, über den Interessenten steht, einen Staat, der sich aus der Verstrickung mit den Wirtschaftsinteressen, wenn er in sie hineingeraten ist, wieder herauslöst. Und gerade dieses Sichbesinnen und Sichzurückziehen des Staates auf sich selber, diese Selbstbeschränkung als Grundlage der Selbstbehauptung, ist Voraussetzung und Ausdruck seiner Unabhängigkeit und Stärke. Nur so kann er wieder kraftvoll, kann er wieder eigenständig, kann er wieder neutral im Sinne des höheren Ganzen werden, überlegen nicht durch Gewalt und Herrschaft, sondern durch Autorität und Führertum«.*

Allerdings sahen die Neo- und Ordoliberalen viele Staatsaufgaben vor und praktizierten in der Gründungsphase der Bundesrepublik eine Politik, die in klassischer Perspektive mehr als neoliberales Marketing denn Prinzipientreue gelten kann.

In Übereinstimmung mit dem liberalen Manifest, dass in dem Buch *»Freiheit, die unbequeme Idee«* abgedruckt ist, herausgegeben von Detmar Doering und Fritz Fliszar 1995, würden viele konsequente Liberale einem Verbot wirtschaftlicher Tätigkeiten des Staates zustimmen und zugleich die Abschaffung des privilegierten öffentlichen Dienstes begrüßen.

Liberale können der Vorstellung etwas abgewinnen, dass die Staatsaufgabe dem eines Wartungstrupps in einer Fabrik entspricht. Der Staat selbst soll keine Güter und Dienstleistungen für die Bürger produzieren, sondern vielmehr dafür sorgen, dass die spontane Ordnung und die sie begründenden Regeln einwandfrei funktionieren. Der Minimalstaat ist ein Rechtsstaat, kein Machtstaat.

RECHTSSTAAT, NICHT MACHTSTAAT

Felix Somary verdeutlichte den Unterschied zwischen Rechts- und Machtstaat auf prägnante Weise: *»Die Grundgesetze des Rechtsstaates präzisieren die Rechte der Bürger, die des Machtstaates die Pflichten. Auch der Rechtsstaat verlangt von seinen Bürgern Leistungen, aber sie sind gesetzlich begrenzt; die Pflichten im Machtstaat sind ›ungemessen‹.«* Er fährt fort:

»Ein Gentleman, so lautet die schöne englische Definition, ist ein Mann, der von seinem Recht nie hundertprozentigen Gebrauch macht. … Den Rechtsstaat charakterisiert die Begrenzung, das Maß; den Machtstaat die Unbegrenztheit, das Totale. Total ist alles, was er angreift: der Krieg, die Wirtschaftsführung, die Unfreiheit der eigenen und der unterworfenen Völker, die Enteignung, die Rechtlosigkeit.«

Offenkundig konzentriert sich im **Machtstaat** die Gewalt. Die Gewaltenteilung wird aufgehoben. Schneller, alternativloser Pragmatismus gewinnt die Oberhand. Die Politik muss handeln. Von ihr werden Entscheidungen erwartet. Die Massen und die Medien erwarten Handlungsfähigkeit, Geschlossenheit, Einheitlichkeit, Durchsetzungsstärke. Alternativen werden als Abweichler, Störenfriede, Kriminelle, Leugner, Radikale gebrandmarkt. Politisches Handeln wird zur Wettkampfarena, in der sich der Stärkste, Geschickteste, Gewiefteste durchsetzt. Das Gemeinwohl ist die letzte Instanz, darüber inzwischen noch die globale Klimarettung. Große Männer und Frauen sollen über große Themen entscheiden, Krisen bewältigen. Bezeichnenderweise werden Fragen von großer Tragweite tatsächlich schnell und einseitig entschieden. Hingegen schleppen sich alltägliche Routineangelegenheiten dahin.

Für Liberale ist der Machtstaat ein Graus. Freiheitsfreunde sind sensibel für machtpolitische Weichenstellungen. Friedrich August von Hayek hat in seiner »Verfassung der Freiheit« hervorgehoben, dass die Freiheit unter dem Gesetz durch die Befolgung allgemeiner, abstrakter Regen gekennzeichnet ist, die uns nicht dem Willen eines anderen unterwerfen. Die Allgemeinheit und Abstraktheit führe dazu, dass das Recht nicht willkürlich sei: *»So wie ein echtes Gesetz keine partikulären Umstände anführen soll, so sollte es insbesondere keine bestimmten Personen oder Gruppen herausgreifen.«*

Der Westen befindet sich mit seiner aufgeblähten, (hyper-) inflationären Gesetzgebung von Deutschland über die EU bis zu den USA auf einem abschüssigen Pfad und ist auf ihm bereits weit vorangeschritten. Heute sind die Bedingungen für einen auf ein **Minimum reduzierten Staat** indes gut:

Wir leben in einer globalisierten Welt, arbeitsteilig, mit wirtschaftlichen und sozialen Netzwerken sowie internationaler Kooperation, für deren Intensivierung die Staaten lediglich staatliche Barrieren beseitigen müssen.

Der Wohlstand war nie so groß wie heute. Der drastische Rückgang der Armut und die Zunahme der Weltbevölkerung sind Folge der spontanen Ordnung, der Bemühungen von Millionen Menschen ohne gemeinsames Ziel.

Die Erkenntnis, dass Märkte die beste Lösung für Entwicklung und für saubere Umwelt sind, selbst gegen Terror, sind vorhanden, wenn auch noch nicht nachhaltig verankert.

Das multiple Staatsversagen ist nicht nur bei Kriegen und bewaffneten Konflikten, sondern auch in der Bildung, bei der Corona-Politik und der Infrastruktur sowie der Energiepolitik und der Bekämpfung von Finanzkrisen unübersehbar geworden. Die Kosten-Nutzen-Bilanzen sind dramatisch.

All das macht die Rückbesinnung und volle Konzentration auf hoheitliche Aufgaben notwendig und möglich: den Schutz von Leib, Leben und Eigentum.

FAZIT UND AUSBLICK ZUM MINIMALSTAAT

Der Minimalstaat schützt das Privateigentum und die Privatheit. Dafür werden einheitliche Regeln durchgesetzt, die die Freiheit schützen und Kooperation stärken. Der Minimalstaat ist für den Schutz der »Privatrechtsgesellschaft« (Franz Böhm) da. Das öffentliche Recht dient nur der Regelung des Minimalstaats und darf auf keinen Fall erneut das Privatrecht der Gesellschaft durchdringen und überlagern. Sonst werden Ordnungsregeln durch Organisation, die Regeln eines gerechten Zusammenlebens durch Verwaltungsvorschriften sowie Vorstellungen über ein vermeintlich richtiges Leben ersetzt.

Friede, Gerechtigkeit und Freiheit, das sind die drei großen Aufgaben des Minimalstaates.

KLARSTELLUNGEN

LIBERAL ODER NICHT LIBERAL, DAS IST HIER DIE FRAGE

*Die Gefahr besteht nicht darin, dass eine bestimmte Gruppe
ungeeignet für das Regieren ist. Jede Gruppe ist für das Regieren
ungeeignet. Das Recht der Freiheit tendiert dazu, die Herrschaft
von Rasse über Rasse, von Glauben über Glauben,
von Klasse über Klasse abzuschaffen.*
Lord Acton

Was ist Liberalismus? Und wie lässt sich Liberalismus von anderen politischen Strömungen abgrenzen? Welche Denkhaltungen und Entscheidungen sind noch liberal und welche nicht mehr? Diese Fragen sind nicht trivial. Sie zielen auf verschiedene Ebenen oder Sphären, darunter Philosophie und Politik. Sie betreffen Grundsätzliches und Alltägliches Die Unterschiede sind bedeutsam, weil das Aufweichen von Prinzipien über ihre Verwässerung bis hin zur Unkenntlichkeit führen kann. Um es mit einem Bild zu veranschaulichen: »Was ist ein Kamel? Ein Kamel ist ein von einer Kommission entworfenes Pferd.«

Heute bescheinigt sich geradezu jedermann eine liberale, weltoffene Einstellung, macht aber zugleich den Staat für die Lösung seiner und im Grunde aller Probleme verantwortlich, zumal der ungezügelte Markt versage. Besonders beliebt ist es, sozialdemokratische Ansichten mit dem Etikett des Liberalismus zu versehen. Linksliberal scheint für manche fast so viel Charme zu besitzen wie sozialliberal; rechtsliberal ist eine seltene Bezeichnung, mediumliberal noch keine.

Inzwischen gibt es einen spürbar positiven Trend, nämlich das Bekenntnis zu liberalen Grundsätzen, allerdings im Gewand des Konservatismus. »Das Konservative Manifest« von Wolfram Weimer enthält über weite Strecken liberale Bekenntnisse. Indes sind Konservative keine Liberalen. **Und dem Liberalismus ist nicht damit geholfen, dass** liberale Ansichten dem **konservativen Lager** Glanz verleihen sollen oder gar Sozialisten wie Sahra Wagenknecht.

Klarheit erfordert Abgrenzung. Abgrenzung bedeutet unterscheiden. Ein Tisch ist ein Tisch, ein Stuhl ein Stuhl, ein Tischstuhl oder Stuhltisch ergibt keinen Sinn und findet sich allenfalls bei Kleinkindern als Tripp Trapp oder Treppenhochstuhl. Der Unterschied zwischen Liberalismus – im klassischen Sinn – einerseits und andererseits Neo- und Ordoliberalismus sowie Sozialliberalismus und Scheinliberalismus liegt nicht in der jeweils enthaltenen liberalen Komponente, sondern in dem, was als nichtliberale Komponente hinzugefügt wird.

HERRSCHAFT MINDERN ALS LIBERALER KERN

Ein Blick in die Geschichte hilft zu verstehen, wie und warum der Liberalismus entstanden ist, was ursprünglich liberal war und zeitlos liberal bleibt. Die Wurzeln des Liberalismus erstrecken sich bekanntlich zurück über das Mittelalter bis in die Antike. Bedeutende Ausprägungen fanden auf dem europäischen Kontinent statt. Von den liberalen Architekten politischer Ordnungen ragen Immanuel Kant und Benjamin Constant auf dem Kontinent hervor. Eine Wiege des Liberalismus liegt in den politischen Kämpfen des 17. Jahrhunderts in England. Es war die Partei der Whigs, die gegen Willkür und für eine Bindung aller Menschen – insbesondere der Herrschenden – an das Recht kämpfte. Gegen Jakob I. und bis zur Glorious Revolution mit den Bill of Rights von 1688, der Gründungsakte des Parlamentarismus, gelang es ihnen, die Herrschaft von Menschen zunehmend in eine Herrschaft des Rechts zu verwandeln. Am Anfang stand das Streben nach Meinungsfreiheit, in deren Zentrum der Kampf um Religions- und Gewissensfreiheit stand und sich in der Presse-, Rede- und Versammlungsfreiheit sowie der akademischen Lehrfreiheit niederschlug.

Willkür respektive Herrschaft verringern und Freiheit gewährleisten gehören zusammen, es handelt sich um die beiden Seiten derselben Medaille: der Freiheitsmedaille. Handeln unter das Recht der Freiheit zu stellen, das betrifft jedermann. Freiheit sichern als Handlungsspielraum für ausnahmslos jeden Menschen lässt sich mit einem Urknall vergleichen, der entsprechende gewaltige Folgen zeitigte. Wohlstand und Wohlfahrt in allen Facetten, von der Ernährung über Wohnung und Bekleidung bis hin zu einer weitaus besseren Gesundheit und Gesundheitsversorgung sind nicht zuletzt das Ergebnis gesprengter Ketten: Die unabhängigen Bemühungen vieler in ihrem Streben nach einer Verbesserung des Lebens haben immer und überall zur Überwindung von Armut und Elend aus eigener Kraft geführt, ob seit der frühen Neuzeit in Europa oder nach dem Zweiten Weltkrieg in Asien. Das gelang in Kooperation mit anderen Menschen, zunächst bekannten in der Region, bald aber völlig unbekannten Mitmenschen jenseits des eigenen Horizonts.

Die Vergrößerung der Kooperationsmöglichkeiten setzt mit Spezialisierung und einer dezentralen Koordination von Ressourcen ein einzigartiges Entdeckungsverfahren in Gang, das niemand plant, niemand kontrolliert und dessen Ergebnisse niemand anstrebt, aber die Welt besser werden lässt – materiell und ideell. Offenkundig war und ist die Begrenzung von Macht, das Einhegen von Gewalt und Herrschaft, die elementare Voraussetzung von Freiheit. Die **Verminderung der Macht von Menschen über Menschen** bildet den zeitlosen Kern des Liberalismus.

Das gilt zeitlos-aktuell nicht nur weltweit angesichts zahlloser Konflikte und Kriege, sondern auch aufgrund milderer Formen von Zwang und Freiheitsbeschränkungen wie sie etwa in Form der unzweckmäßigen und unverhältnismäßigen Corona-Politik in vielen Staaten zuletzt besonders deutlich spürbar wurde.

Das Herrschaftsmodell des Westens ist der demokratische Wohlfahrtsstaat. In seinem Zentrum stehen verschiedene Interessengruppen, die – trotz der bitteren Erfahrungen des 20. Jahrhunderts – durch einen Neoetatismus verbunden sind und die Gesellschaft durch den Staat und seine Gliederungen nach ihren persönlichen Maßgaben steuern, lenken und gestalten.

An dieser Stelle möchte ich noch einmal betonen, dass namhafte Liberale es für bedeutsamer hielten, Herrschaft zu mindern, als eine möglichst geeignete Regierungsform zu realisieren. Herrschaft mindern heißt stets und zu allererst den Staat als Gewaltmonopolisten zähmen. Nicht Demokratie als Herrschaft der Mehrheit, sondern eben Herrschaft so weit wie möglich mindern und Freiheit mehren, ist die herausragende und zeitlose Aufgabe der Liberalen und nur das herausstechende Merkmal der Liberalen, nicht der Konservativen oder der Sozialisten. Herrschaft wird nicht dadurch besser, dass sie statt von einem Einzelnen durch wenige oder viele ausgeübt wird. Der italienische Rechtsgelehrte Bruno Leoni konstatierte: *»Demokratie steht im Konflikt mit individueller Freiheit.«* Und an anderer Stelle erläuterte er: *»Der Glaube [an die Mehrheitsdemokratie] kann uns von der Erkenntnis abhalten, je zahlreicher die Menschen sind, die man durch einen legislativen Prozess zu ›repräsentieren‹ versucht und je zahlreicher die Themen sind in denen man sie zu repräsentieren versucht, desto weniger hat das Wort ›Repräsentation‹ eine Bedeutung, die sich auf den tatsächlichen Willen wirklicher Menschen bezieht anders als lediglich die Personen Repräsentanten zu nennen.«*

Wer den Staat schrumpft, verringert die Möglichkeit der Privilegienvergabe an staatsnahe Interessenvertreter. Zugleich bleibt es dem Entdeckungsverfahren einer freien Gesellschaft überlassen, eine liberale Regierungsform schrittweise zu entwickeln und weiterzuentwickeln. Das könnte sogar eine wohlverstandene Staatsaufgabe sein, wenn auch eine wenig realistische. Eine Gesellschaft wird und bleibt dann frei, wenn sich der Wert der besseren Freiheitsideen durchsetzt. Das Eintreten für die Freiheit in allen Lebensbereichen durch mutige Frauen und Männer besitzt dafür herausragende Bedeutung.

SICHERHEIT ALS ZENTRALE STAATSAUFGABE

Existenzberechtigung und Aufgabe des Staates bestehen im Schutz der Bürger. Der Schutz von Leib, Leben und Eigentum im Innern und nach außen ist die einzige liberale und zunächst einzige legitime Aufgabe, die dem Staat zukommt. Das liegt nicht zuletzt daran, dass dieser Aufgabe jedermann zustimmen könnte. Wenn Leib, Leben und Eigentum von jedem Menschen geschützt werden, kommt das jedem einzelnen zugute und ein allgemeines Gefühl der Sicherheit entsteht; es beruht auf real existierender Sicherheit. Dafür sind Dienstleistungen erforderlich. Wer diese Dienstleistungen übernimmt, ist eine Frage, die es immer wieder im Detail neu zu klären gilt. Eine vollständige Privatisierung von Gewalt ist für Liberale keine vielversprechende Alternative. Mit einer Privatisierung ist das Machtproblem nicht gelöst und die Privatisierung wäre nur ein Schritt hin zu erneuter Herrschafts- und Staatsbildung, vorausgesetzt die Jahrtausende alten historischen und anthropologischen Muster bleiben gültig.

Offensichtlich besteht die Herausforderung darin, ausgerechnet den Kardinalgegner der Freiheit mit deren Sicherung zu beauftragen.

Letztlich ist die Idee der Konzentration und gleichzeitigen Kontrolle der Gewalt in einer übergeordneten Institution weder einfältig noch unlösbar. Die Zähmung des Leviathans setzt an seiner Existenz an: Organisierte Herrschaft gab es immer, Herrschaftslosigkeit in entwickelten Gesellschaften dagegen nie für einen längeren Zeitraum. Eine vollständige Privatisierung von Gewalt würde zunächst lediglich zu einem Etikettenwechsel und anschließend im Zuge eines Gewaltwettbewerbs zur Staatsbildung führen. Gleichwohl bleibt jeder Versuch lobenswert, etwa mit vertraglichen Privatstädten. Die permanente Herausforderung besteht also darin, die Staatsgewalt durch das Recht in ihre Schranken zu weisen und zugleich das Ausüben hoheitlicher Sicherheitsaufgaben zu gewährleisten.

Zu den Sicherungsmaßnahmen gehören folgende Ansätze:

Eine **Verfassung** soll individuelle Freiheit garantieren sowie jeden einzelnen Menschen und die politische Ordnung gegen kollektivistische und autoritäre Übergriffe sichern. Eine Verfassung besteht aus negativen Abwehrrechten. Alles Staatshandeln muss sich innerhalb der Verfassungsschranken bewegen, Verstöße müssen wirksam zurückgewiesen und geahndet werden.

Eine echte **Teilung der Staatsgewalten** zerstreut und begrenzt Macht. Das geschieht sowohl horizontal (Legislative, Exekutive, Judikative) als auch vertikal (Bund, Land, Gemeinde). Je kleiner die politischen Einheiten desto geringer die Staatsmacht. Je stärker die Gewalten getrennt, desto besser können die Checks und Balances funktionieren.

Legislative und Teile der Exekutive können und sollen im Zuge von **Wahlen** ausgetauscht werden. Ein substanzieller Austausch ist allerdings nur möglich, wenn es substantielle Alternativen gibt. Das ist die Krux der Demokratie und bildet zugleich die Herausforderung, vor der jede pluralistische Gesellschaft steht.

Eine wichtige Ergänzung und teilweise sogar ein Ersatz für Wahlen bilden **Losverfahren**. Sie waren bereits in der antiken Demokratie sowie in der Frühen Neuzeit ein wichtiges Element um die Bildung und Konzentration von Macht zu begrenzen und so Herrschaft zu mindern. Losverfahren unterbrechen politische Karrieren und Machtnetzwerke.

Staatliches Handeln wird stets an das **Recht** gebunden und unterliegt öffentlicher **Nachprüfbarkeit**. Staatliche und nichtstaatliche Organisationen wie ein Rechnungshof und der Bund der Steuerzahler überwachen und kritisieren Teile des rechenschaftspflichtigen Staatsapparates. Ohne **wachsame Bürger** funktioniert Demokratie indes nicht – der Staatsapparat neigt selbst und durch Politik, Medien, Lobbygruppen, aber auch Bürger getrieben zur permanenten Anmaßung von Zuständigkeiten. Etatismus und Bürokratismus weiten sich gleichsam eigengesetzlich aus.

Diskretionäre Politik könnte sich durch konsequente **Re-**

gelbindung verbessern, darunter eine Obergrenze für die Zahl von Politikern und staatlichen Bediensteten, die zudem regressiv angelegt sein kann oder zyklischen Kürzungen unterliegt. Dasselbe kann für Gesetze und Verordnungen gelten sowie für Staatsausgaben. Amtszeitbegrenzungen und Rotation im Amt sind weitere Optionen. Mindestqualifikation mit praktischer Arbeitserfahrung und Führungsverantwortung anstelle von Berufspolitikern sowie Wechsel zwischen Politik, Wirtschaft und Gesellschaft erscheinen notwendig.

Schon deshalb ist es wichtig, dass **Subsidiarität** und besser noch **Nonzentralismus** (Robert Nef) als institutionelle Prinzipien greifen können. So werden die Tätigkeiten auf die niedrigste Ebene verlagert; dort wird der Aufgabenumfang kleiner, präziser und kann auf das notwendige Maß beschränkt sein. Idealerweise ist auch die Kontrolle besonders ausgeprägt, weil die Menschen direkt und persönlich betroffen sind. Nonzentrale Einheiten besitzen Autonomie. Volksbegehren und direkte Demokratie können hier positiv wirken.

Standortwettbewerb gilt nicht nur ökonomisch, sondern auch politisch mit der Einheit von Steueraufkommen und Staatsausgaben ohne Transferunionen. Auch scheinbar geographisch benachteiligte Regionen können durch kluge Politik groß rauskommen.

Zudem gibt es zahlreiche Überlegungen wie eine Verfassung der Freiheit im Detail gestützt werden kann. Dementsprechende Regeln, Zuständigkeiten und Verfahrensweisen dienen dazu, den Staat auf seine Kernaufgaben zu beschränken. Beispiele sind befristete Gesetze, Auslaufklauseln, Trennung von Verfassungs- und Verfahrensregeln auch im Hinblick auf die Personen, die über sie entscheiden, prinzipieller Vorrang für private Lösungen und ein Anti-Bürokratie-Ministerium.

UNGLEICHE MENSCHEN WERDEN GLEICH BEHANDELT

Dieser Maxime zufolge – ungleiche Menschen werden gleich behandelt – sind alle Menschen unter dem Recht gleich. Die leider überwiegend praktizierte Realität folgt dem gegenteiligen Prinzip: ungleiche Menschen werden ungleich – d.h. unterschiedlich, situativ, gar willkürlich – behandelt. Das Recht dient indes dazu, Freiheit zu sichern und nicht unterschiedliche Freiheitsspielräume zu gewähren respektive unterschiedliche Freiheitseinschränkungen zu erlassen.

Anthony de Jasay formulierte es so: »*Was die Liberalen von anderen unterscheidet, ist ihr Bemühen zu zeigen, daß der Einsatz von Zwang dazu dient, die Freiheit zu maximieren.*« Es geht also nicht um das Gewähren von Privilegien und finanziellen oder materiellen Zuwendungen nach gerade herrschender Sicht. Zwang darf dementsprechend stets nur legitimer Zwang sein. Das ist dann der Fall, wenn eine Schädigung Dritter verhütet wird. Das ist nicht der Fall, wenn der Zwang lediglich der Besserstellung einer gesellschaftlichen Gruppe dient – und damit stets andere Gruppen schlechter gestellt werden, was indes verschwiegen wird.

Der Staat hat – im Dienst der Bürger – die Freiheit jedes einzelnen Bürgers zu sichern und Freiheitskonflikte unter Bürgern nach dem Recht der Freiheit zu schlichten. Mit Immanuel Kant bedeutet das, die Willkür, gemeint ist Freiheit, des einen mit der Willkür des anderen unter allgemeinen Rechtsgesetzen zu vereinigen.

Der liberale Staat ist ein Rechtsschutzstaat. Der liberale Staat ist ein Minimalstaat. Seine Aufgaben sind hoheitlicher Natur.

Weitere Aufgaben sind möglich, bergen aber drei Gefahren:
— Die Vernachlässigung der hoheitlichen Aufgaben. Der Staatsapparat verzettelt sich und erbringt schlechte Leistungen.

— Der Verstoß gegen hoheitliche Aufgaben. Statt das Privateigentum und die Privatsphäre zu schützen, werden sie gemindert.

— Der Transfer von Tätigkeiten aus der Sphäre der Bürger in die des Staates. Private Tätigkeiten werden verstaatlicht und ökonomisiert, bürgerliche Solidarität und Subsidiarität werden ausgehöhlt.

Gerade die letzte Gefahr ist nicht trivial, denn Staat und Gesellschaft unterscheiden sich substanziell. Das gilt sowohl im Hinblick auf ihre Funktionsweise und Koordinationsfähigkeit als auch was die Befugnisse der Amtsträger und Bürger betrifft.

In einer Welt, in der der Staat dominiert und für alle Lebensbereiche zuständig ist, befinden sich Liberale in einer seltsamen und für Nicht-Liberale schwer verständlichen Lage. Die Staatskritik führt in der nicht-liberalen, etatistischen Perspektive dazu, dass Liberale unaufhörlich genötigt werden, sich zu Problemen zu äußern, die ihrer Auffassung nach keine Staatsaufgaben sind, die nicht einmal politisiert werden sollten und auch keiner politischen Abstimmungen bedürfen.

MIT LIBERALER KLARHEIT UND KRAFT
DURCH DEN BEGRIFFSNEBEL

Was bedeuten Freiheit und Recht im Liberalismus? Wie verhält es sich mit sozialer Gerechtigkeit, Fairness und Moral? Warum ist Ungleichheit für Liberale normal und wünschenswert? Diese und andere Begriffe werden nachfolgend präzisiert ohne Anspruch auf eine optimale Definition. Eine Abgrenzung von nicht liberalen Auslegungen oder einem verwässerten »Liberallala« ist das Ziel.

Freiheit bedeutet Handeln im Rahmen der Rechte und unter Berücksichtigung der Pflichten. Freiheit ist im Liberalismus erstens stets individuelle Freiheit, zweitens vorstaatlich, drittens staatlich zu schützen, viertens nur im Fall von Freiheitskonflikten einschränkbar und damit fünftens eine Frage des Verhältnisses zwischen den Menschen sowie zwischen ihnen und dem Staat. Freiheit lässt sich auch als Wert verstehen.

Eine freie Gesellschaft steht und fällt mit der Bedeutung, die die Menschen der Freiheit zumessen. Indes geht es im Liberalismus nicht um einen Wettstreit um die richtigen Werte. Die individuellen Wertvorstellungen der Menschen haben in einer konsequent liberalen Ordnung Platz solange sie dem Recht der Freiheit genügen. Die Vielfalt der Werte, der moralischen Normen hast sich in einem jahrhundertelangen Prozess entwickelt und kennzeichnet die offene Gesellschaft. In einer freien Gesellschaft können die Menschen nach ihren eigenen Wertvorstellungen neben und mit einander leben.

Freiheit ist das Ziel jeder menschlichen Gemeinschaft – die Freiheit bildet die Grundlage und den Bezugspunkt von Moral, sie bildet die Voraussetzung für Handel und alle übrigen wirtschaftlichen Tätigkeiten genauso wie jedwede gesellschaftliche und kulturelle andere Interaktion und Kooperation. Friede kann nur auf Freiheit gebaut werden. Menschliche Würde und Glück sind untrennbar mit Freiheit verbunden.

Freiheit hat im Liberalismus nichts mit einem bestimmten Lebensstil oder einem Wohlstandsniveau zu tun. Was der Einzelne mit seiner Freiheit tut, was er anstrebt, wie er seine Kräfte entwickelt, all das ist Teil der offenen Gesellschaft und der spontanen Ordnung. Der Gebrauch der Freiheit und die Befähigung zur Freiheit fallen nicht in die Zuständigkeit des Staates oder der Politik. Liberale tun gut daran, ihre Mitmenschen zu unterstützen. Die Ausübung von Zwang auf einige Menschen, um anderen zu helfen ist jedoch illiberal. Das ist Zwangssolidarität und hat nichts mit der eigentlichen, wahren Solidarität zu tun, die freiwillig ist.

Wertneutral heißt nicht blind gegenüber Werten zu sein. Gleichwohl bedeutet es, dass der Staat sich nicht zum Befürworter oder Förderer von Werten macht – auch nicht, um Gutes zu tun. Zur Sicherung der Freiheit gilt es indes gegen freiheitsfeindliche Haltungen und Bestrebungen einzuschreiten. Dann hat der Staat Partei zu ergreifen. Falsch verstandene Toleranz würde die Freiheit untergraben.

Der Liberalismus hat zur Lebensweise der Menschen nichts zu sagen. Heteronome **Moralvorstellungen**, die verschiedene Menschen in sich tragen, sind nur insofern relevant, als sie unter dem Recht der Freiheit gedeihen können. Jedem das Seine, jedem nach seinen Vorstellungen. Zugleich haben die Menschen im Verlauf der Jahrhunderte Regeln des Handelns und insbesondere der Interaktion gefunden, die für den einzelnen Menschen und die Gesellschaft insgesamt nützlich sind. Diese Moralregeln dienen dazu, langfristig sein Glück zu mehren, und sie sind universalisierbar. Eine derartige Moral mindert Konflikte und mehrt ein fruchtbares Miteinander. Wenn es eine Freiheitsmoral gibt, dann die der Kooperation. Henry Hazlitt nannte sie zunächst »*Mutualismus*«, war aber im gleichen Atemzug der Ansicht, dass »*Kooperatismus*« der bessere Begriff sei. Die Moral der Freiheit besteht demnach in der Förderung individueller Ziele durch Kooperation und setzt sich aus jenen Verhaltensregeln zusammen, die Kooperation fördern.

Gerechtigkeit herrscht, wenn Handlungen im Einklang mit den Regeln gerechten Verhaltens stehen. Gerechtigkeit besteht überall dort, wo im Einklang mit dem Recht (der Freiheit) gehandelt wird. Heute scheint gerecht zwar all das zu sein, was der Erfüllung irgendwelcher Wünsche dient. Gerechtigkeit ist für Liberale aber keine Geschmacksfrage, die willkürlich oder nach persönlicher Perspektive und Neigung entschieden werden kann, sondern ein objektiver Tatbestand: Wurden die Regeln eingehalten, dann herrscht Gerechtigkeit. Es ist wie beim Spiel und Sport: Gerecht heißt, dass nach den Regeln gespielt wurde, nicht dass ein bestimmtes Ergebnis erzielt wurde. Und fair nennen wir ein anständiges Verhalten, weil die Regeln des guten Verhaltens geachtet wurden.

Soziale Gerechtigkeit ist für klassische Liberale hingegen ein Pleonasmus wie nasser Regen. Unsoziale Gerechtigkeit gibt es nicht. Das Hinzufügen des Wortes »sozial« macht aus der Gerechtigkeit keine bessere oder präzisere Gerechtigkeit, sondern dient der Verschleierung und der Umwidmung des Begriffs. Soziale Gerechtigkeit meint materielle Umverteilung und annähernde Gleichheit der Lebensumstände. Es handelt sich um eine etatistische Wendung der Formel »Wohlstand für alle«. Das kann ein erstrebenswertes Ziel sein oder auch nicht, hat jedoch nichts mit dem Einhalten von Regeln und Recht zu tun. Das Maximum an sozialer Gerechtigkeit wäre erreicht, wenn niemand ein höheres Einkommen bzw. Vermögen als jemand anderes besäße. Das ist nicht möglich und erfordert bereits bei der Annäherung an diesen Zustand einen totalitären Staat. Das überbordende Mikromanagement unseres Lebens resultiert nicht zuletzt aus dem Streben nach sozialer Gerechtigkeit statt nach Gerechtigkeit. Maximale soziale Gerechtigkeit erfordert letztlich maximale Ungerechtigkeit.

In politisch praktischer Hinsicht kann Liberalen der Begriff soziale Gerechtigkeit gleichwohl nicht gleichgültig sein. In der Lebenswelt von heute sind praktische Antworten auf die Forderung nach sozialer Gleichheit und einem materiell angenehmen Leben für jeden in der Gesellschaft erforderlich. Deshalb wird das Thema in dieser Hinsicht an anderer Stelle erneut aufgegriffen.

Gleichheit ist für den Liberalismus stets Gleichheit unter dem Recht und damit Gleichbehandlung unterschiedlicher Menschen. Das bedeutet jedoch nicht, dass jeder Mensch alle anderen Menschen gleich behandeln muss und sie nicht diskriminiert darf. Die Gleichbehandlung gilt nur für die Anwendung des Rechts und für das Verhältnis der Staatsangehörigen zu den

Bürgern. Der Eigentümer eines Stücks Land darf selbstverständlich entscheiden, wen er auf sein Land lässt und wen nicht. Nur die staatliche Diskriminierung ist Unrecht. Den einen zu begünstigen und den anderen zu benachteiligen, etwa indem der eine Geld »vom Staat« bekommt, das dem anderen gehört, ist ungerecht. Wenn der alleinstehende Nachbar den vermeintlich kostenlosen Kindergartenplatz bezahlt und die Eltern über die »Abwrackprämie« anteilig das neue Auto des Nachbarn, dann findet jene willkürliche Verteilung von Privilegien und Kosten im politischen Prozess statt, die Schritt für Schritt die Gleichheit vor dem Gesetz unterminiert.

Liberale betrachten Gleichheit stets aus der Perspektive des Individuums. Sie wissen, dass ein ungutes Minderwertigkeitsgefühl aus dem Vergleich mit anderen entsteht, ein gutes hingegen aus dem Vergleich mit seinem eigenen Ideal. Ein Grund liegt auf der Hand: Jeder Mensch ist anders, unterscheidet sich, ist nicht gleich, aber gleichwertig. Das ist offensichtlich für jeden, der eigene Kinder hat, in denen man Teile der Eltern wiedererkennen kann. Und es ist beispielsweise offensichtlich, wenn man auf einer Promenade den stets individuellen Gang betrachtet.

Sobald Gleichheit vor dem Recht gilt, lässt sich jeder Wohlhabende, auf dem Markt vermeintlich Mächtige herausfordern. Wer sich über die vermeintliche Ungerechtigkeit und tatsächlich gemeinte materielle Ungleichheit in der Marktwirtschaft beklagt, verkennt meist den hier einzig möglichen Weg zum Reichtum: Der Erfolgsschlüssel liegt darin, einer großen Zahl von Menschen etwas Billigeres oder Besseres anzubieten, als es bisher gibt. Genau das war ein wesentlicher Grund für die kapitalistische Wohlstandsrevolution: ein besseres Leben für die Massen – *Economies of scale*.

Chancengerechtigkeit, Chancengleichheit und **Fairness:** Menschen, die erkennbar weniger vermögen, sei es aufgrund fehlender Fähigkeiten, Fertigkeiten oder Bildung, sollen gefördert werden, damit sie mehr Bildung und mehr Vermögen haben und damit mehr aus ihrem Leben machen können. Jeder Mensch soll die gleiche Chance haben, sein Ziel zu erreichen. Diesem Ziel gebührt volle liberale Empathie. Liberale wissen, dass diesem Vorhaben leider ein unüberwindbares Hindernis entgegensteht: Die Ziele der Menschen unterscheiden sich fundamental und die Fähigkeiten der Menschen auch. Das gilt unabhängig von Vermögen und Bildung und selbst dann, wenn Menschen mit dem gleichen Vermögen ausgestattet wären oder die gleiche Bildung genossen hätten. Es ist unmöglich, ungleiche Menschen gleich zu machen.

Wer in den Vordergrund stellt, dass er weniger vermögende Menschen fördert, sollte das mit freiwilliger Unterstützung anderer tun. Besonders ungerecht wäre es, andere Menschen in ihrem Streben nach einem besseren Leben zu benachteiligen. Chancengleichheit bedeutet tatsächlich Ergebnismanipulation durch Besser- und Schlechterstellen für gleiche Ergebnisse. Und wer möglichst gleiche Chancen anstrebt, der strebt eine Welt an, in der es sich immer weniger oder sogar nicht mehr lohnt sich zu bemühen, da Erfolg bestraft werden muss. Der Mittelweg ist eine Mischung aus Zufall und Willkür. Die beste individuelle Förderung leistet die private, sich um die Menschen persönlich kümmernde Initiative, die im konkreten Fall greift und individuell zugeschnitten ist, mit dem Ziel auf eigenen Füßen zu stehen. Chancen lassen sich nur dann wahren, wenn die abstrakten Regeln gerechten Verhaltens gelten. Dann wird nicht geschoben. Dann verläuft das Leben wie ein faires Spiel. Fairness heißt nicht, der Bessere gewinnt, sondern die Regeln wurden eingehalten.

Diese Feststellungen schließen weder eine Sozialpolitik noch Mindeststandards bei Bildung aus. Indes handelt es sich dabei um diskutable Zweckmäßigkeitserwägungen, nicht aber um liberale Prinzipienausprägungen. Erst wenn nicht erzwungene, freiwillige Versuche zur Bereitstellung irgendeines öffentlichen Gutes gemacht wurden und erfolglos geblieben sind, darf aus liberaler Perspektive der Staat einspringen.

Illiberal ist schließlich die Umdeutung von Recht in Ansprüche, die auch Anrechte genannt werden, Recht auf Bildung, Recht auf gewaltfreies Leben, Recht auf Urlaub etc. Je mehr Rechte, desto mehr Freiheit? Wohl kaum! Rechte gehen mit Pflichten einher. Materielle Anrechte gehen mit materiellen Pflichten einher. Die Verpflichtungsmaximierung gilt beidseitig. Je mehr Anrechte, desto mehr Pflichten und mehr Belastungen. Und ein gewaltfreies Leben wird durch die perfekte Realisierung der Hoheitsaufgaben möglich.

Ungleichheit: Wer Freiheit will, muss materielle Ungleichheit begrüßen – nicht nur billigen. Wer (mehr) Gleichheit will, muss Unfreiheit wollen und durchsetzen. Wer Wohlstand will, braucht Freiheit und Ungleichheit. Die Kurzformel lautet: »Lob der Ungleichheit« (Dagmar Schulze Heuling, Edition Forum Freie Gesellschaft). Mehr materielle Gleichheit ist nur auf Kosten der Freiheit möglich. Erneut gilt, der Staat kann nur ungleiche Menschen gleich behandeln oder aber willkürlich ungleiche Menschen ungleich. Zudem resultieren aus ungleichen Lebensbedingungen die Anreize, Dinge zu ändern, Verbesserungen zu entdecken, Innovationen zu generieren. Zuweilen braucht es Geduld. Früher war das Generationen übergreifend der Fall: Meinen Kindern soll es besser gehen.

Liberale anerkennen Ungleichheit als etwas Positives. Das gilt immateriell wie materiell. Ein besseres Leben ist nicht der Versuch, mit anderen gleich zu ziehen oder andere zu überholen, sondern über das hinauszugehen, was wir aktuell haben und sind. En passant gilt: Die Entwicklung von Individualität führt zu Vielfalt.

Eine Schlussbemerkung zur Gleichheit: *»Niemals war der*

Welt eine bessere Gelegenheit geboten, aber sie warf sie von sich, weil das leidenschaftliche Verlangen nach Gleichheit die Hoffnung auf Freiheit zunichte machte«, urteilte zeitlos treffend Lord Acton. Der Sozialismus beruht auf dem Grundsatz der universellen Ausbreitung der Gleichheit. Automatisch bedeutet das: Armut für fast alle und Reichtum für die herrschende Funktionärskaste. Die Public-Choice-Theorie befasst sich seit mehr als 50 Jahren mit dem Phänomen des Staatsversagens und den Handlungen öffentlicher Akteure, darunter nicht zuletzt Politiker, die wie alle Menschen, vor allem persönliche Ziele verfolgen, aber sich als Anwälte des Gemeinwohls präsentieren. Ein Problem der Politik des Etatismus ist, dass diese grundsätzlich, wenn auch nicht ausnahmslos, töricht ist, sobald sie durch Emotionen, Partikularinteressen und Gruppendenken angetrieben wird als Mittel zur Macht und zur Wohlfahrtsumverteilung. Die heute grassierende Verstaatlichung durch Bürokratisierung macht zwar nicht direkt arm, sorgt aber für eine schlecht sichtbare Stagnation und langsame Verarmung vieler sowie eine Privilegierung mancher.

KRITIK DER KRITIK DES MINIMALSTAATS

Die Konzeption des Minimalstaats wird von mindestens zwei Seiten attackiert: Anarchisten kritisieren die Existenz des Gewaltmonopolisten und dessen zwangsläufige Ausdehnung in Richtung eines Maximalstaats. Sozialdemokraten (im begrifflichen, nicht im parteipolitischen Sinn) bemängeln eine unzeitgemäße Staatsauffassung, mangelnde demokratische Steuerung und vermuten, dass die Gesellschaft unfähig sei, hinreichende Armen- und Sozialfürsorge zu erbringen. Eine Befähigung zur Freiheit sei für viele Menschen erforderlich. Skeptisch sind in diesem Zusammenhang schließlich Bindestrich-Liberale, die dem Staat viel mehr Aufgaben übertragen, weil Markt und Gesellschaft versagen würden.

Die **anarchistische Kritik** betrifft zwei unterschiedliche, aber mit einander verbundene Felder. Die Existenz und die Notwendigkeit eines Staates ist zwischen Anarchisten und klassischen Liberalen nicht verhandelbar. Der Minimalstaat, tatsächlich als minimalinvasiver (Stefan Blankertz) Staat konzipiert, ist kein Nichtstaat. Die Beschränkung auf hoheitliche Aufgaben ist konsequent hergeleitet, birgt aber die Gefahr einer letztlich uferlosen Ausdehnung. Die Ausdehnung wird bereits von adjektivischen Liberalen im Sinne eines Dritten Wegs gefordert. Außerdem ist sie ein historischer Automatismus seit der modernen Staatbildung in der frühen Neuzeit. Hierarchien, Hackordnungen und Herrschaft sind bei Mensch und Tier von je her Bestandteil des Zusammenlebens.

Allerdings wohnt diese Tendenz jedweder Konzeption inne, letztlich auch der anarchischen, die lediglich einen Schritt vor der Staatsbildung ansetzt und dann ebenfalls zu Staatsgründungen und deren Ausdehnung führt. Das Problem ist menschlich und lässt sich durch keine noch so konsistente Theorie lösen. Historisch ist das ebenfalls der Gang der Dinge, wobei ausgerechnet Gewaltunternehmer, oder moderner: paramilitärische Gruppen, Fürsten maßgeblich bei der modernen Staatsbildung unterstützt und diese ermöglicht haben.

In liberaler Perspektive besteht die Herausforderung in einem steten Ringen, nämlich den Leviathan einzuhegen und für eine freie Gesellschaft selbstverantwortlicher Menschen zu werben. Hier liegen zugleich Gemeinsamkeiten zwischen einigen Anarchisten und Liberalen. Die Hanse könnte als protostaatliche Organisation einen Ausgangspunkt für eine Diskussion bilden. Sie existierte in und neben vormodernen Staaten und wurde durch die moderne Staatsbildung verdrängt.

Die **sozialdemokratische Kritik** zeichnet sich durch ein grundsätzlich anderes Staatsbild aus als das konsequent liberale. Der Staat gilt Sozialdemokraten nicht oder weniger als Bedrohung, sondern als Organisation, um die Lebensbedingungen der Menschen in vielen Bereichen zu verbessern. Letztlich ist darin die Perspektive enthalten, die Unterdrückten müssten von den Unterdrückern befreit werden. Der Staat soll, einmal erobert und demokratisiert, diesem Ziel dienen.

Es fällt schwer hier eine Grenze zur Nichtzuständigkeit des Staates zu erkennen. Der angestrebten Politisierung von Wirtschaft und Gesellschaft, dem Primat der Politik und damit dem Primat des Staates und der jeweiligen Regierung sind keine Grenzen gesetzt. Letztlich ist alles gut, was den Unterdrückten, Armen, Arbeitnehmern, Mietern, Studenten, Rentnern, Frauen und vielen Opfergruppen insbesondere kurzfristig und direkt hilft. Das gilt auch für die weniger weitreichenden Staatsaufgaben, die Bindestrich-Liberale befürworten. Zugleich spaltet eine derartige Politisierung die Menschen in rivalisierende Lager, sogar in der Familie und bei der Arbeit. Dann gilt, was der Wortmetz, Lyriker und Anarchokapitalist Stefan Blankertz wie folgt kritisierte: »*Politik ist Kolonialismus*«.

Aus klassisch liberaler Perspektive verkennen Sozialdemokraten und Liberaletatisten, dass die Angehörigen des Staates sich eigene, gesetzliche Handlungsbedingungen schaffen. Die Beispiele für Privilegien reichen vom Beamtenrecht mit Heilfürsorge und Pensionen bis zu Monopolen, umfassen zudem Wettbewerbsverzerrung durch Regulierung, ferner Verstaatlichungen und eine durch Steuerzahler und Verschuldung gesicherte Existenz, die auch in einer Pandemie und selbst bei unwirtschaftlichem Handeln folgenlos bleibt. Jeder Euro und Cent muss von anderen Menschen erwirtschaftet werden.

Ineffizienz, Innovationsfeindlichkeit und Informationsmängel sind strukturelle Defizite des Staates, die mit staatlicher Bürokratie unauflösbar verbunden sind. Das schafft Anreizprobleme und mindert nicht zuletzt Wohlfahrt und Wohlstand der Armen. Forderungen von Afrikanern nach einem Ende von

Entwicklungshilfe sprechen für sich. Das Problem liegt wesentlich im System und den damit verbundenen Privilegien und Anreizen und nicht per se in den Köpfen und Herzen der Staatsdiener.

Mit dem Etatismus ist das Ringen um Privilegien und den Zugriff auf Ressourcen an den Fleischtöpfen verbunden bis hin zur Schacherdemokratie. Stets wird das Ausgeben von Geld anderer Leute begleitet von einer Fülle freiheitsfeindlicher Entwicklungen für jedermann, die Eliten möglichst ausgenommen, also gerade die Herrschenden gegen die sich sozialdemokratische Politik immer wieder wendet.

Der Dritte Weg führt für Liberale nach nirgendwo oder besser in die sanfteren Spielarten des Sozialismus, des Etatismus und der dazugehörigen unnachgiebigen Bürokratie. Es ist illusionär zu glauben, dass eine Kombination der Vorzüge von Kapitalismus und Sozialismus, von offener Gesellschaft und autoritärem Staat, ohne deren Nachteile möglich ist.

LIFESTYLE-LIBERALE

Liberal sein ist in. Bei aller Schmähung durch Präfixe wie Neo und Paläo findet Liberalismus insbesondere in Verbindung mit der Vorsilbe »Links« ein gerütteltes Maß an Zustimmung. So nutzen den zeitlos schicken Begriff insbesondere Lifestyle-Liberale. Liberalismus dient ihnen als Lebensstil, Deckmantel und Schmuckwerk, als Haltung, die wenig Halt hat.

Lifestyle-Liberale werben mit positiver Freiheit, die sie oder der Staat durch Umverteilung oder Anrechte angeblich schaffen würde. Lifestyle-Liberale geben sich weltoffen und tolerant bis zur Aufgabe grundlegender liberaler Prinzipien oder deren Ablehnung von Beginn an, sei es der Schutz einheimischer Arbeitsplätze oder die Vorgabe einer richtigen Lebensweise, die gerade en vogue ist. Liberal droht zum Lippenbekenntnis zu schrumpfen als Teil eines Habitus.

Als Gefühlsliberale haben sie ihre Liberalität wenig durchdacht und können in grundlegenden Auseinandersetzungen leicht zu anti-freiheitlichen Konzessionen gebracht werden. Ihr Liberalismus ist ein Konglomerat von Irrtümern wie es Anthony des Jasay in seiner Kritik am losen Liberalismus nannte, der tatsächlich ein Sozialdemokratismus ist.

Als Mainstreamer wollen die Lifestyle-Liberalen, wenn es darauf ankommt, nicht gegen den Strom schwimmen und sind zu allen möglichen Konzessionen bereit. Flexibel bis zur Labilität trifft es. Als Helfershelfer-Liberale stehen sie ohne Ökonomie-Kenntnisse, ohne Knappheit und auf Kosten anderer stets auf der angeblich moralisch guten Seite. Sie argumentieren primär moralisch, mit ihrer spezifischen Moral und propagieren dritte Wege. Der Lifestyle-Liberalismus befasst sich dominant mit Themen wie Rasse, Sexualität, Täterschutz und opferlosen Verbrechen sowie einer Vielzahl von Gruppen mit spezifischen Anrechten, die er unterstützt. Die Maximierung von Rechten drückt sich in einer verqueren Chancengleichheit aus: statt gleicher Regeln für ein faires Spiel sollen unterschiedliche Regeln für unterschiedliche Spieler gelten, darunter Sozialrechte, gerechte Preise, gerade für Mieten in Städten, gerechter Handel, Bildungsgerechtigkeit, Chancengleichheit, fröhlichem Multikulti und Pseudokosmopolitismus. Mit schnöder Ökonomie befassen sich Lifestyle-Liberale kaum, vielmehr mit Fragen des Lebensstils und Konsumverhaltens, mit denen sie sich von weltanschaulichen Nachzüglern abgrenzen.

Diese Politisierung des Liberalismus ist nicht die Lösung, sondern das Problem. Lifestyle-Liberale sind tatsächlich Sozial-Demokraten oder sogar Staatssozialisten. Ihr zeitgemäßer Liberalismus ist eine Mischung aus Versprechen, Etatismus und Willkür. Der Staat soll bevormunden, um mündige Individuen zu schaffen, die erst dann erkennen können, was sie wirklich brauchen. Der mündige Bürger kommt nicht vor.

UNTERSCHIED I: LIBERTÄR UND KLASSISCH LIBERAL

Liberalismus wird in den USA überwiegend als libertär bezeichnet und vom Sozialismus respektive den progressiven Positionen der Sozialdemokraten abgegrenzt. Das libertäre Lager lässt sich wiederum in zwei Strömungen unterteilen: strikt libertäre und klassisch liberale Positionen. Verbunden sind beide, indem sie darin übereinstimmen, dass es zwei Verpflichtungen gibt, die Menschen auferlegt werden dürfen: Nicht-Aggression und Pacta sunt servanda, also das Verbot Zwang anzuwenden und das Gebot, Verträge einzuhalten.

Die strikt Libertären, zu ihnen lassen sich auch Anarchokapitalisten zählen, stehen vor allem einer Regel basierten Pflichtethik nahe (Deontologie). Handlungen werden hier vorwiegend hinsichtlich einer verpflichtenden Regel bewertet und damit als per se gut oder schlecht, weniger hingegen anhand der Folgen.

Die klassisch liberale Position ist stärker konsequentialistisch geprägt. Dazu gehören der Utilitarismus und ein möglichst großer Nutzen für viele sowie eine individuelle Nutzenperspektive.

Während die strikt Libertären und Anarchokapitalisten den Staat aus unterschiedlichen Gründen ablehnen, ihm Legitimität, Rechtfertigung und Nützlichkeit weitgehend oder vollkommen absprechen, billigen klassisch Liberale dem Staat Aufgaben zu und damit das Recht, Verwaltungsaufgaben zu übernehmen und Steuern zu erheben. Teil dessen ist die Durchsetzung der Vertragsfreiheit, ein Anspruch auf das Befolgen gerechter Gesetze und die Verhinderung des Zwangs gegen Dritte. Verträge zu Lasten Dritter müssen verhindert werden – nicht jeder Vertrag ist für klassische Liberale per se gut und akzeptabel.

Mit dem amerikanischen Verfassungsrechtler Richard Epstein schließt die klassisch liberale Position eine rechtliche Ermöglichungsinfrastruktur ein, z.B. wenn ein Öl- und Gasvorkommen unter verschiedenen Grundstücken verschiedener Eigentümer liegt, die aufgrund ihres nicht-kooperativer Verhaltens eine Vertragssituation verhindern. Voraussetzung eines Staatseingriffes ist in klassisch liberaler Sicht stets das Besserstellen von allen Beteiligten. Antiliberal wäre eine Verstaatlichung der Bodenschätze.

Klassisch Liberale halten eine Verfassung, die mit robusten Institutionen den Staat bindet, für besser als den Naturzustand ohne Staat. Zugleich müssen staatliche Regeln, Gesetze und Verordnungen den Nachweis erbringen, dass sie eine positive Wirkung entfalten, um gültig zu sein. Mit anderen Worten ist jede Einschränkung von Freiheit begründungspflichtig im Sinne einer verbesserten freien Gesellschaft für jedermann. Steuern sehen klassisch Liberale anders als strikte Libertäre nicht als Diebstahl an, da es im Gegenzug für den Zwang Eigentum abzugeben die Dienstleistungen Frieden und Sicherheit gibt. Allerdings müssen Steuern niedrig, als Flat Tax nicht progressiv und somit gerecht sein. Die herkömmliche Besteuerung wird als ungerecht und Konflikte schürend angesehen und führt unweigerlich zu Verschwendung. Eine weitreichende Privatisierung von Sicherheit lehnen klassische Liberale ab. Die Gründe umfassen u.a. das Problem privater Machtballung mit paramilitärischen und protostaatlichen Zügen, erforderliche überbordende Kontrollapparate und überhöhte Kosten bei erheblicher Privatisierung des Gewaltmonopols einschließlich Principal-Agent-Probleme sowie dem Fehlen eines Äquivalents zu strikten Polizei- und Militärgesetzen im Hinblick auf unrechtmäßige Übergriffe. – Unterschiede kurzgefasst:

Anarchisten und Anarchokapitalisten: Alle Güter und Dienstleistungen werden auf Märkten erbracht. Für Sicherheit sorgen private Sicherheitsunternehmen im Wettbewerb (Abschaffung des Staates).

Minarchisten: Streitkräfte, Polizei und Gerichte bilden das Gewaltmonopol, das weit überwiegend beim Staat liegt, zur Durchsetzung des Rechts. Nahezu alle anderen Güter und Dienstleistungen werden privat erbracht, Bildung und weite Teile der Infrastruktur eingeschlossen (Nachtwächterstaat).

Klassische Liberale: Sehen über die minarchistischen Aufgaben des Staates weitere Staatsaufgaben. Dazu gehören sicherheitsrelevante Vorschriften, z.B. Schutz vor Feuer und Statik von Häusern, zuweilen auch Infrastruktur wie Kanalisation. Bildung kann als beschränkte Staatsaufgabe angesehen werden.

UNTERSCHIED II: LIBERALISMUS UND KONSERVATISMUS

Zwar weisen Liberalismus und Konservatismus Berührungspunkte auf. Das gilt besonders im politischen Alltag, wenn von wertkonservativen Liberalen die Rede ist oder Konservative sogenannte wirtschaftsliberale Positionen vertreten. Eine weitere Gemeinsamkeit ist, dass sowohl Liberalismus als auch Konservatismus längst weitgehend einflusslos und parteipolitisch heimatlos sind. Die Hochzeit beider Strömungen lag im 19. Jahrhundert. Schließlich waren sie vereint in der Abwehr des sozialrevolutionären Strebens der Sozialisten. Trotz der Berührungspunkte beim Menschenbild, Politikverständnis und Wirtschaftsdenken, lassen sich die beiden Weltanschauungen klar trennen. Das gilt insbesondere, wer beim klassischen Liberalismus ansetzt und diesen mit dem Altkonservativismus vergleicht.

Während für Liberale Freiheit der Dreh- und Angelpunkt des Lebens ist, räumen Konservative Freiheit eine wichtige, aber nicht vorrangige Bedeutung ein. Konservativ bedeutet etymologisch bewahren. Dem, was ist, wird ein positiver Wert zugemessen – das schließt die Stellung und Rolle des Menschen in der Gesellschaft ein. Mit dem jungkonservativen Schriftsteller Moeller van den Bruck ist konservativ, »immer wieder einen

Anfang zu setzen.« Tradition wird als Rückkehr zum Ursprung verstanden. Bewahren und Pflege des Bestehenden als Rückkehr zum Ursprung, zu dem, was war.

Während Liberale von Individuum aus denken, spielen für Konservative Hierarchien und Gemeinschaften sowie intermediäre Einheiten zwischen Individuum und Kollektiv eine wesentlichere Rolle. Dementsprechend blicken Konservative auf Individuen in ihrer angestammten Stellung als Elite, Herrschende, Untergebene, Betreuungswürdige und eher als Teil von Gruppen wie der Familie, der lokalen Einheiten, der Kirche, der Region, der sozialen Gruppen und Klassen, der Nation.

Während Liberale in Autorität vor allem Zwang als Bedrohung der Freiheit sehen, schätzen Konservative Autorität als unverzichtbaren Ordnungsfaktor. Mit Skepsis schauen Liberale auf den Zwang, der von Familie, Kirche, kommunalen Einrichtungen und Schule ausgehen kann. Insbesondere Paternalismus, zuweilen auch Dirigismus, haften dem Konservatismus aus liberaler Sicht an.

Während Liberale den Wert von Institutionen darin sehen, dass sie Freiheitsspielräume öffnen und sichern, dass sie soziales Verhalten befördern und die Welt besser machen, was bei Märkten und einer offenen Gesellschaft der Fall ist, legen Konservative Wert auf eine starke Regierung, einen bewundernswerten Staat, der als wohlwollender Diktator die gute Ordnung bewahrt und erkennen eine hierarchische Klassifikation von Menschen; sie liebäugeln mit der Aristokratie.

Liberale und Konservative lehnen einen konstruktivistischen Wandel ab. Das gilt umso mehr sobald Zwang angewendet werden soll. Zugleich messen Konservative dem Status quo ein Wertprivileg zu, während Liberale das lediglich analytisch erkennen würden und Werte stets subjektiv begründet sehen, anders als Konservative, die Werte als objektiv fassbar und transzendent begreifen.

Liberale schauen primär kritisch auf den Staat und betrachten die Welt aus der Perspektive Zwang und Freiheit. Liberale erkennen in der Regierung eine Institution, um die es sich aus machtpolitischen Gründen und aufgrund des privilegierten Zugangs zu Ressourcen zu kämpfen lohnt. Das wird bei autoritären Regimen einfacher sichtbar als in Demokratien. Konservative verbinden mit dem Staat sowohl Zusammengehörigkeitsgefühl und Gemeinwohlorientierung als auch ein gerütteltes Maß an Anerkennung und Stolz – in Verbindung mit kulturellen Errungenschaften. Der Staat bewahrt demnach eine werthaltige Ordnung, die sich historisch mit Recht und Traditionen bewährt hat und auch religiös begründet ist. Entsprechend gilt Konservativen die Gesellschaft als ein organisches Ganzes. Die richtige Regierung und Verwaltung fallen mit Religion und Sittlichkeit zusammen, Ethik und Politik bilden eine Einheit.

Liberale sind stets offen für Wandel, für Erfolg und Scheitern des Entdeckungsverfahrens. Konservative betonen Traditionen und Kontinuität, den Wert einer bestehenden Ordnung sowie einer existierenden Kultur und können einem Wandel vor allem dann etwas abgewinnen, wenn der ordnungsgemäß verläuft und zuweilen sogar von Autoritäten akzeptiert und propagiert werden sollte. Es gibt für Konservative eine natürliche, richtige, früher Gott gewollte, hierarchische Ordnung, in der jeder seinen (festen) Platz findet. Für Liberale gibt es Dynamik, Unsicherheit und ein Entdeckungsverfahren, in dem der Staat regelmäßig eine ungute Rolle spielt.

Auf die Frage: Wie wird die Welt besser? würden Liberale antworten: Durch Gebrauch der Vernunft sowie Versuch und Irrtum, während Konservative den Wert der bewährten Traditionen betonen würden und vor der Hybris der Vernunft warnen.

Die kritische Sicht der Liberalen auf den Staat und die Eliten als notwendige Übel geht mit der Forderung einher, sich stetig bewähren zu müssen, während Konservative den Status quo eher verteidigen und Respekt vor insbesondere nationalstaatlichen Autoritäten als angemessen ansehen. Mit Edmund Burke spricht die Vermutung »*immer zugunsten der bestehenden Regierungsweise*« und gegen neue, noch nicht erprobte Vorhaben.

Die Beschränkung der Macht ist Liberalen stets wichtiger als die konservative Frage: Wer übt die Macht aus? Liberale sehen im Staat ein notwendiges Übel, Konservative den Staat immer wieder als etwas Gutes auf das man stolz sein kann. Der Staat ist für Konservative eine gute Adresse, um gesellschaftliche Probleme zu lösen. Liberale fürchten die Tyrannei der Mehrheit, Konservative nicht-elitäre, schlecht informierte, ungebildete Entscheider, die für ein verantwortungsvolles Leben betreuungswürdig sein können.

In der Außenpolitik sehen Liberale kaum oder keine Chancen für erfolgreiche staatliche Interventionen. Sie setzen auf die Möglichkeit eines Wandels durch Handel und kulturellen Austausch, durch Freizügigkeit und vielleicht treten sie idealistisch für eine Herrschaft des Rechts der Freiheit ein. Überwiegend plädieren sie für Zurückhaltung. Konservative betonen nationale Interesse und sehen Gewalt, auch in Form von Sanktionen, als ein Mittel der Außen- und Sicherheitspolitik an, anders als Liberale, die Gewalt allein zur Selbstverteidigung der Bürger rechtfertigen.

Klassisch liberale und klassische konservative Positionen haben zugleich viele **gemeinsame Grundlagen**. Liberale schätzen wie Konservative evolutionär entstehende und sich allmählich anpassende Institutionen. Beide verbindet zudem die Herrschaft des Rechts und die Überzeugung, dass der Staat dem Bürger zu dienen habe. Beide wertschätzen die Freiheit des Individuums verbunden mit Eigenverantwortung und Leistungswettbewerb, ferner den Vorrang von Recht und Ethik vor der Politik, einer Ethik, die bei Liberalen stark auf Kooperation und Gegenseitigkeit abzielt. Vereinfacht gehen Liberale von der Freiheit des Einzelnen aus und Konservative vom organischen Ganzen. Konservativen haben erkannt: Wir lernen soziale Normen in kleinen Kollektiven und diese können nicht durch Individuen ersetzt werden.

UNTERSCHIED III: LIBERALISMUS UND DEMOKRATIE

Liberalismus und Demokratie lassen sich miteinander vereinbaren, ruhen auf einem ähnlichen Fundament, beziehen sich jedoch auf zwei grundverschiedene Dinge: Liberalismus richtet sich auf das Ausmaß und vor allem auf die Beschränkung der Gewalt von Menschen über Menschen. Liberale streben seit je her nach der Beschränkung der Gewalt der Regierung. Demokratie ist hingegen eine Antwort auf die Frage, wer Gewalt ausüben soll. Die demokratische Antwort lautet: die Bevölkerung oder eigentlich gerade nicht die Bevölkerung, sonder die von ihr gewählten Vertreter. Die Herrschaft einer Mehrheit macht Herrschaft für Liberale nicht besser.

Hinzu kommt ein weiteres Spannungsfeld. Die spontane Ordnung der Freiheit beruht auf Unterschieden und bringt Unterschiede hervor: unterschiedliche Fähigkeiten und Chancen, unterschiedlichen Wohlstand, verschiedene Produkte, verschiedene Geschmäcker und Präferenzen. Demokratie zeichnet sich in der Praxis durch endlose Bestrebungen und Versprechen aus, soziale, d.h. vor allem ökonomische Gleichheit herzustellen. Die demokratische Politik richtet sich damit unaufhörlich gegen die Ergebnisse und Funktionsweise der spontanen Ordnung. Die Opfer dieser Politik sind Wohlstand, Freiheit und auch individuelle Präferenzen sowie individuelle Meinungen.

Im Sinne von James Buchanan kann die Demokratie dann als ein liberales Ideal angesehen werden, wenn sie als frei gewählte Herrschaftsform zustande gekommen ist. Das wäre eine Bürgergenossenschaft im besten Sinn, die der (politischen) Zusammenarbeit zum gegenseitigen Vorteil dient. Realisieren lässt sich das nur als dezentrale, bürgernahe Form, die anders als die gigantische EU räumlich sehr überschaubar ist. Liberale würden diese Bürgergenossenschaft auch deshalb respektierten und schätzen, weil sie Ergebnis der privatautonomen Entscheidungen von Bürgern für eine spezifische Regelordnung der politischen Freiheit wäre.

Ein Problem politischer Entscheidungen in der heutigen Demokratie ist: je größer und bürgerferner, umso sichtbarer die Parteinahme und die Anmaßung von Wissen. Politikern fällt es naturgemäß schwer, sachgerecht und neutral – also parteiunabhängig – für das sachlich Gebotene einzutreten. Die dafür benötigten hinreichenden Informationen sind ein weiteres Problem in komplexen, dynamischen Systemen. Mindestens ebenso herausfordernd ist das bei Bürgerentscheiden für die Bürger. Das gilt gerade für Wahlen. Neben der aufwändigen Beschaffung von Informationen sorgen emotional und intuitiv getroffene Entscheidungen sowie die Zu- und Abneigung hinsichtlich der wahrgenommenen Person eines Politikers, dass der rationale Wähler ein Mythos ist.

Liberale halten die Demokratie für die schlechteste Staatsform außer allen anderen, weshalb sie unter der Herrschaft des Rechts der Freiheit als gute liberale Regierung auch eine parlamentarische Monarchie mit Sezessionsrecht, wie in Liechtenstein, anerkennen können, solange sie die Freiheitsrechte der Bürger maximal schützt. Ein Demokratie-Ideal würde in einem Wettbewerb der Parteien um bessere, tatsächliche soziale Politik bestehen. Der Alltag bietet viele Anlass für liberale Skepsis, ist doch das Ergebnis eine stete Ausweitung der Fremdbestimmung. Demokratie ist für Liberale wertvoll, weil und solange sie einen friedlichen Regierungswechsel ermöglicht. Liberale halten nichts von sozialen Konstruktionen und politischen Slogans einer Herrschaft des Volkes respektive eines Wählerwillens. Demokratie ist ein Herrschaftssystem, in dem Wahlen die Legitimität der Herrschenden befördern sollen.

Angesichts des Unterschieds zwischen Liberalismus und Demokratie wird deutlich, warum der Gegenpol von Demokratie die Autokratie ist und vom Liberalismus der Totalitarismus. Bemerkenswerterweise sind Marktwirtschaft und Autokratie eine Zeit lang kombinierbar, nicht aber Marktwirtschaft und Totalitarismus.

Zudem sollte auch für Nicht-Liberale deutlich werden, warum Liberale die Demokratie kritisieren. Mit den Worten von Friedrich August von Hayek: *»Das vorherrschende Modell liberaler demokratischer Institutionen, in dem ein und dieselbe repräsentative Körperschaft die Regeln gerechten Verhaltens schafft und die Regierung anleitet, führt notwendigerweise zur allmählichen Umwandlung der spontanen Ordnung einer freien Gesellschaft in ein totalitäres System, das im Dienst irgendeiner Koalition von organisierten Interessen steht.«*

Das bedeutet, wenn ein Parlament, wie in Deutschland, Gesetze beschließt, nach denen die Menschen zu leben haben, und gleichzeitig die Regierung stellt, wird über Jahre und Jahrzehnte hinweg diese Verfassungsform nicht mehr die Freiheit sichern, sondern nach wechselnden Interessen die Freiheit einschränken und politische Projekte für spezifische Interessengruppen realisieren. Der damit verbundene Nebeneffekt – je nach Perspektive sogar der hauptsächlich beschrittene Pfad – ist die Einschränkung der Freiheit und die Begünstigung einer Gruppe zum Nachteil einer anderen Gruppe. Repräsentative Demokratie und Ausdehnung der Politik, damit automatisch Ausdehnung des Staates, gehen historisch Hand in Hand. Das Problem ist für Liberale letztlich weniger die Demokratie als die unbeschränkte oder zu wenig beschränkte Demokratie mit einem Parlament und insbesondere einer Regierung, die zu viel Macht hat. Liberale fordern alle Gewalt an Regeln zu binden, an

Freiheitsregeln für eine friedliche Gesellschaft. Vor diesem Hintergrund hat Hayek seinen Vorschlag zur Diskussion gestellt, in dem zwei unterschiedliche Kammern für die beiden sehr unterschiedlichen Aufgaben zuständig sind. Für das Zustandekommen beider Kammern gelten unterschiedliche Verfahren und Anreize als Rahmenbedingungen.

»Politischer Wettbewerb ist das Erfolgsgeheimnis der Demokratie«, urteilte Roland Vaubel treffend. Zwischenstaatlicher politischer Wettbewerb hat herausragende Vorteile: Wettbewerb eröffnet den Bürgern Wahlmöglichkeiten. Wettbewerb setzt Anreize, sich an den Bürgerwünschen zu orientieren. Wettbewerb findet nicht nur inländisch, sondern auch zwischenstaatlich statt, politisch per Abstimmung mit den Füßen, ökonomisch durch Abstimmung mit dem Geldbeutel. Das politische Kartell der EU ist davon weitgehend ausgenommen. Freiheit, Eigentum und Demokratie leiden darunter.

Die Liberalen tun gut daran, unaufhörlich Verbesserungsvorschläge für die Demokratie vorzubringen und für den Liberalismus zu werben. Kurzgefasst sind das demokratische Regeln innerhalb einer liberalen Ordnung.

UNTERSCHIED IV:
POLITISCHE PERSPEKTIVEN DER HAUPTSTRÖMUNGEN

Der amerikanische Ökonom Arnold Kling hat die politische Lagerbildung in den USA analysiert. Das Ergebnis lässt sich auch auf andere Teile der Welt übertragen. Drei bipolar betrachtete Achsen kennzeichnen das politische Spektrum der USA. Dabei handelt es sich gleichermaßen um ideologische wie moralische Positionen:

1. Die Progressiven (Sozialisten) denken entlang der Achse Unterdrücker und Unterdrückte.

2. Die Konservativen stellen Zivilisation und Barbarei gegenüber.

3. Die Libertären (Liberalen) betrachten bipolar Freiheit und Zwang.

Diese Achsen dienen zugleich der Dämonisierung, so Arnold Kling, und der Bekräftigung, der jeweils eigenen moralischen Überlegenheit. Mit Hilfe dieser Muster lassen sich weitreichende, hoch problematische Folgen identifizieren: politische Lagerbildung, deren Unvereinbarkeit, ferner Hartleibigkeit, Konzentration auf die eigenen Anhänger und Abwertung der anderen Gruppen, Ideologisierung und Abschottung, Unverständnis für abweichendes Denken, Schüren von Konflikten und dergleichen mehr.

Was verdeutlichen die Achsen? Das Beispiel der Judenverfolgung zeigt: Progressive betonen die Unterdrückung einer Minderheit durch die Nationalsozialisten in einem Rassestaat. Die Konservativen sehen den Rückfall einer hoch entwickelten Nation und Kultur in die Barbarei der Nazis. Die Libertären fokussieren die furchtbaren Konsequenzen des staatlichen Gewaltmonopols.

Für Arnold Kling ist die libertäre, d.h. klassisch liberale Perspektive zwar überwiegend überzeugend, aber keineswegs immer. Für die Bürgerrechtszeit verfügten beispielsweise die Progressiven über die passendere Diagnose und Kritik. Und er bietet einen klugen Ratschlag an: Statt den gefährlichen Weg weiter zu beschreiten und den Sieg der eigenen Horde anzustreben, strebt Kling nach einem weniger spektakulären Ziel: klüger werden und offener.

LIBERALISMUS UND DIE SOZIALE FRAGE

Liberale wollen, dass es den Menschen gut geht. Zu Unrecht wird Liberalen soziale Kälte unterstellt, weil sie auf den Einzelnen blicken und mit ihren rationalen Argumenten allein die Vernunft ansprechen. Diese Wahrnehmung ist nicht zuletzt der Perspektive der Gemeinschaft, der Familie und des Stammes geschuldet, wo übersichtliche Verhältnisse, persönliche Kennverhältnisse und einfache Entscheidungen und Zuteilungen von oben, z. B. den Eltern, nach unten, z. B. den Kindern, dominieren. Gerechtigkeit wird hier regelmäßig als gleiche Anteile und gleiche Möglichkeiten verstanden, ausgleichende Verteilung ist das dominante Mittel.

Inkonsequent ist diese Haltung allerdings, wenn der Staat ins Spiel kommt. Die soziale Kälte der Bürokratie unterscheidet sich grundlegend von der Hilfe der Freunde und Nachbarn. Die ständigen politischen Aufrufe zur (anonymen) Solidarität unterscheiden sich ebenso fundamental von der freiwilligen Solidarität der überschaubaren Gemeinschaft. Die staatlich angeordnete Solidarität ist Zwangssolidarität. Dem Solidaritätszuschlag kann sich niemand entziehen. Zugleich zehrt die Zwangssolidarisierung die freiwillige Solidarität auf und verdrängt sie. Vermutlich befördert die Staatssolidarität eine Gesellschaft, die gleichermaßen von Lieblosigkeit wie einer Anspruchshaltung gekennzeichnet ist. Hinzu kommen zunehmende Unfähigkeit, auch aufgrund der entzogenen Mittel, und mangelnde Einsicht, selbständig Eigenvorsorge zu treffen. Das ist bereits unmittelbar nach der Einführung des Sozialstaats im Kulturkampf unter Bismarck zu beobachten.

Liberale betonen den Unterschied zwischen einer Gemeinschaft mit persönlichen Bindungen und einer Gesellschaft mit einer unüberschaubaren Zahl anonymer Kontakte. Zugleich weisen Liberale darauf hin, dass die beiden unterschiedlichen Kategorien mit unterschiedlichen Ordnungen und unterschiedlichen Regeln verbunden sind. Plurale Gesellschaften, dynamische Systeme und spontane Ordnungen lassen sich nicht politisch steuern, ohne neben sichtbar gemachten Gewinnern auch die unsichtbaren Verlierer durch politische Entscheidungen zu produzieren.

Die soziale Frage, also die Suche nach Möglichkeiten, relativ und absolut armen Menschen ein besseres Leben zu ermöglichen, beantworten Liberale mit einer Doppelstrategie:

1. Größtmögliches Entstehen von Wohlstand und Wohlfahrt ermöglichen. Der Wohlstandszuwachs stellt alle Menschen besser – es ist wie bei der Flut, die alle Boote hebt. Zudem finden ohne staatliche Eingriffe alle suchenden Menschen eine Arbeit.

2. Aus dem höheren Wohlstandsniveau kann mehr verteilt werden, und es ist wahrscheinlich, dass die Wohlhabenderen mehr von ihrem Vermögen abgeben, mehr zielgerichtete solidarische Sozialinitiativen entstehen. Das kommt am besten durch private Initiative bei den Bedürftigen an.

Die private Initiative machen Liberale stark, weil sie überzeugt sind, dass direkte Hilfe und Unterstützung von Armen in ihrem Umfeld wirksamer ist und den Menschen besser hilft als eine zentralisierte, bürokratische Alternative fernab der Menschen. So ist es Rotary International mit privaten Mitteln gelungen die Kinderlähmung weltweit nahezu vollständig auszurotten. Unternehmen und Genossenschaften bewirkten neben den Kirchen bereits während der Industrialisierung vielseitige private Wohlfahrtsinitiativen. Die internationalen Freiheitsindices sprechen überdies Bände – mehr Freiheit bedeutet mehr Wohlstand für die Armen.

Liberale wissen: Die staatliche Hilfe wird als politisches Instrument genutzt und sie verhindert den Entdeckungswettbewerb. Schließlich werden bei zentralen Ansätzen faule und fleißige, erfolgreiche und weniger erfolgreiche über einen Kamm geschoren. Es entstehen Röhrensysteme, die unter enormen Effizienzverlusten Transfers durchführen. Das Private wird zu einer öffentlichen Angelegenheit und erodiert.

Der Staatsführung mit Regierung, Parlament und Bürokratie bleibt gar nichts anderes übrig als die Umverteilung von Wohlstand mit öffentlichen Regeln und Verwaltungsregeln zu organisieren. Diese ersetzen das Ergebnis privater Kooperation nach privaten Regeln. Am Ende steht die beobachtbare Transformation der Privatrechtsgesellschaft in eine Staatsrechtsgesellschaft.

Vor diesem Hintergrund betonen klassische Ansätze, dass es nicht Aufgabe des Staates ist, sich um die Wohlfahrt der Bürger zu kümmern. Die soziale Verformung des Staates wurde im 18. Jahrhundert mit dem Begriff des Polizeistaates belegt, Polizei im Sinne eines obrigkeitlichen Anweisungsstaates. In diesem Staat war alles verboten, das nicht ausdrücklich erlaubt wurde und den moralischen Vorstellungen sowie politischen Präferenzen der Herrschenden entsprach.

Diese grundsätzliche Position bedeutet in der praktischen Politik nicht, dass der Staat unter keinen Umständen mit sozialen Aufgaben betraut werden darf. Von einer grünen Wiese aus würde mit Anthony de Jasay gelten, dass zunächst der Nachweis erbracht werden muss, dass private Bemühungen unternommen wurden und diese gescheitert sind. Außerdem steht es im Wettbewerb konkurrierenden politischen Einheiten aus liberaler Sicht selbstverständlich zu, das eigene Steueraufkommen auch für die eigene Armenhilfe zu verwenden. Schließlich gibt es gute Argumente für eine staatlich festgesetzte Versicherungspflicht, deren Realisierung allerdings allein privaten Institutionen obliegt.

An dieser Stelle lohnt sich ein grundlegender Hinweis: Die Regeln einer offenen Gesellschaft können zwar jedem die gleichen Chancen eröffnen, allerdings ist es nicht möglich, die Realität zu ändern. Auch bei rechtlich vollständiger Chancengleichheit und sogar bei vollständiger materieller Chancengleichheit wird es Gewinner und Verlierer geben. Auch bei zwei gleichwertigen Mannschaften wird im Finale ein Team als Sieger vom Platz gehen. Folglich kann jedermann auf die Anwendung, Einhaltung und Durchsetzung der gleichen Regeln für alle pochen, aber nicht die gleichen Ergebnisse einfordern. Gerechtigkeit und Chancen(gleichheit) stehen in keinem kausalen Zusammenhang mit den Resultaten von Handlungen.

Die Sorge um ausbleibende Mittel für Arme und Bedürftige ist nachvollziehbar. Es ist die gleiche Sorge, die in der Frage enthalten ist, wer die Straßen bauen wird, wenn es nicht der Staat tut. Dabei schwingt vermutlich ein gerütteltes Maß an Entrüstung mit, weil eine öffentliche, also aus dem Portemonnaie der Steuerzahler finanzierte Förderung von Kunst und Kultur in einer liberalen Ordnung nicht mehr möglich ist. Zugleich ist es nicht nur angesichts des erreichten Wohlstandsniveaus und der vervielfältigten Kulturangebote nicht redlich, andere Menschen für den eigenen Kulturkonsum aufkommen zu lassen. Das wäre so glaubwürdig wie die Behauptung es gebe einen Versorgungsauftrag für staatliches Fernsehen, Radio und Internet.

Der Sozialstaat hat es nicht geschafft, die Probleme von Arbeitslosigkeit, Armut, Bildungsmangel und Chancengleichheit zu lösen; das gilt auch für Obdachlosigkeit und Drogenmissbrauch sowie z.B. unzureichende Plätze für die Betreuung von Kindern berufstätiger Eltern. Es ist längst Zeit, den Weg frei zu machen für private Alternativen und innovativen Wettbewerb ohne staatliche Vormachtstellung. Liberale wissen um die soziale Kraft von Märkten und der Zivilgesellschaft.

LIBERALE REFORMEN: LEBENSBEDINGUNGEN VERBESSERN!

Jede große Reform hat nicht darin bestanden,
etwas Neues zu tun,
sondern etwas Altes abzuschaffen.
Henry Thomas Buckle

Das Zeitalter der Liberalismus ist längst vergangen. Es endete mit der Urkatastrophe des 20. Jahrhunderts, dem Ersten Weltkrieg. Neoliberale Reformen blieben im Westen als Antwort auf die autoritären und totalitären Systeme sowie den demokratischen Wohlfahrtsstaat ein Intermezzo. Wir leben im Zeitalter des Staates, dessen sozial gerechte Ausdrucksform der paternalistische Etatismus ist. In Deutschland und weiten Teilen des Westens hat sich die politische Lage sukzessive weiter vom Liberalismus entfernt – in Sprüngen seit der Finanz- und Staatsschuldenkrise, mit der obrigkeitlichen Energiewende und der Grundrechte aussetzenden Corona-Politik.

Fast 20 Jahre nach Roland Baaders Kritik an den etatistischen Intellektuellen in seinem Buch »totgedacht« ist liberale Politik kraftlos und unter einer etatistischen Welle begraben. Im öffentlichen Diskurs spielen liberale Denker keine Rolle. Ganz stimmt das nicht. Im Ökonomen-Ranking der Frankfurter Allgemeine Zeitung von 2020 finden sich in der Kategorie politische Ökonomen mehrere echte Liberale und Anhänger der Österreichischen Schule.

Grundsätzlich lassen sich bei den konsequenten Liberalen mindestens zwei unterschiedliche Ansätze unterscheiden:

1. **Die liberale Utopie.** Das ist das Aufzeigen idealer Konstellationen, liberaler Ordnungen und ihre Entstehung in der »reinen« Theorie. Damit verbunden ist zugleich ein stetes Eintreten für weniger Staat und für echte Strukturreformen.

2. **Konkrete Reformvorschläge,** wie die von Milton Friedman zu Schulgutscheinen und vielem mehr, die der neoliberalen Gründerväter der Bundesrepublik und von vielen angewandten Wissenschaftlern mit ihrer ökonomischen und ordnungspolitischen Kritik, Empfehlungen für Alternativen eingeschlossen.

Weitreichende Entwürfe wurden zumeist nur bis zur Finanz-

und Staatsschuldenkrise präsentiert und zeitweise öffentlich diskutiert. Erwähnt sei statt anderer zuletzt Ulrich van Suntum: »*Masterplan Deutschland. Mit dem Prinzip Einfachheit zurück zum Erfolg von 2006*«.

In diesem Sinne können breite, grundsätzlichere Ansätze eine Debatte befruchten, darunter »*Freiheit: Die unbequeme Idee. Argumente zur Trennung von Staat und Gesellschaft*« bereits 1995 herausgegeben von Detmar Doering und Fritz Fliszar sowie das *Freiheitsmanifest* mit 13 Thesen für die Freiheit und vielen Einzelbeiträgen in Novo Argumente #116, II/2013.

Ich habe selbst einige ordnungspolitische Reformen in meinem Buch »*Auf der Suche nach einer anderen Ordnung*« (2014) im Teil »Reformperspektiven« vorgestellt.

Für konkrete politische Maßnahmen gilt, dass diese aus liberaler Sicht zumeist die nächstbeste Option darstellen und von Liberalen als unterstützenswert angesehen werden, ohne wirklich liberal zu sein. Es handelt sich um pragmatische und gerade noch zustimmungsfähige Politik, zumeist um wirtschaftliche Reformen, kaum substanzielle staatspolitische Veränderungen, trotz der unübersehbaren »Krisen der Demokratie« (Ralf Dahrendorf).

Nachfolgend sollen einige **Grundlinien für eine konsequent liberale Staatsreform** skizziert werden.

Ausgangspunkt ist folgender Befund: Der heutige Staat verletzt in vielen Punkten das Gebot der rechtlichen und gesellschaftspolitischen Neutralität gegenüber allen Bürgern. Er ist keineswegs eine objektive Macht zur Erhaltung einer Rechtsordnung, innerhalb derer sich die Bürger selbst organisieren, sondern stellt selbst einen Machtfaktor in Konkurrenz zu gesellschaftlichen Kräften dar, der eigennützige Ziele verfolgt: die Erhaltung und Vermehrung seiner Einkünfte und der Erwerbsmöglichkeiten seiner Bediensteten, die Durchsetzung seiner Meinungen und Moralvorstellungen in einer sich politisch korrekt verhaltenden Öffentlichkeit, die Durchsetzung der Ideologie selektiver Interessen- und Lobbygruppen mit einem Marsch durch die Institutionen und einem Kapern des Staates. In der Tradition von Bismarck werden Abhängigkeiten möglichst vieler Bevölkerungsgruppen durch Bildung von Privilegien und Grundrenten geschaffen. Das ist **politischer Kapitalismus** (Randall G. Holcombe) mit **autoritären und ausgeprägt korporatistischen Zügen.** Die Auflösung der Reste einer bürgerlichen Ordnung als Fundament einer freiheitlichen Ordnung ist das Resultat gezielter Politik und langfristiger strukturellen Veränderungen.

Das **Ziel und Ideal freiheitlicher Staatsvorstellungen** drückt sich im Begriff des »Minimalstaates« oder des »minimalinvasiven Staates« aus. Warum? Weil der Gefahr entgegengetreten werden soll, die dem Staat als einer Macht über die Bürger innewohnt statt einer von den Bürgern beauftragten Institution, die sich an den Bürgern orientiert.

Das Ziel ist ein Staat, der die bedeutende Aufgabe hat, die privatgesellschaftlichen Netzwerke des Rechts und des Wissens abzusichern. Idealerweise kann der Staat die Rahmenordnung für ein möglichst friktionsfreies Problemlösen und Wissensgenerieren der Menschen absichern. Keinesfalls löst der Staat selbst Probleme. Das ist Aufgabe der Menschen, die als Bürger in der res publica mit einander verbunden sind. Der Staat kann als ehrlicher Makler vermittelnd agieren.

Für die Realisierung gibt es zwei Wege:

A. Die **Reform auf der nationalstaatlichen oder europäischen Ebene.** Es scheint schwer vorstellbar ausgerechnet hier liberale Kräfte wirksam werden zu lassen. Das wäre zwar der direkte Weg der Elitentransformation. Allerdings bleiben Gebilde wie die großen Nationalstaaten Europas, noch problematischer die EU und die USA, viel zu groß für freiheitliche Ordnungen.

B. Der **politische Wettbewerb** dezentraler oder nonzentraler politischer Einheiten. Das könnte auf kommunaler Ebene der Fall sein oder als Stadtstaat. Das Entlassen in die Freiheit durch (partielle) Sezession oder das entstehen freier, privater Städte gehören ebenfalls zu diesem zweiten Reform-Ansatz. Auch Metropolregionen und Grenzen überscheitende Regionalverbünde bieten sich an. Südtirol kam erst mit einem Autonomie-Status der 1970er Jahre zur Ruhe und zu Wohlstand.

In jedem Fall gilt es bewährten Alternativen wie Bundesgenossenschaften, Föderationen und Konföderationen mehr Aufmerksamkeit zu schenken.

REFORM-SÄULEN

Drei Säulen lassen sich hervorheben, die zur Verwirklichung eines liberalen Staates geeignet sind:
— die Verabschiedung einer liberalen Verfassung (Verfassung der Freiheit)
— der wirtschaftspolitische Rückbau des Staates (Marktwirtschaft)
— die Privatisierung der Bildung (Kultur der Freiheit).

Das übergeordnete Ziel des Rückbaus des Staates, um private Initiative und Verantwortung zu stärken, ist die Sicherung von Frieden und Recht.

Für staatliche Tätigkeiten gilt es folglich strenge Maßstäbe zu entwickeln und vor allem anzuwenden. Dazu gehören systematische Kosten-Nutzen-Beurteilungen und regelmäßige Evaluationen, die Konsequenzen haben müssen und zu denen die konsequente Überprüfung der Rechtmäßigkeit staatlichen Handelns gehört. Hier wäre ein rechtliches Pendant zum Bundesrechnungshof als Bundesrechtshof oder dessen Erweiterung ein erster Schritt.

Dementsprechend gilt:

1. Der Staat hat allen Menschen gleichermaßen zu dienen und sie gleich zu behandeln (Gleichheitsprinzip).
2. Privat hat Vorfahrt – alles, was der Einzelne selbst oder in Kooperation verrichten kann, bleibt eine private Tätigkeit (Subsidiaritätsprinzip).
3. Alle staatlichen Tätigkeiten werden auf der Ebene, auf der die Aufgaben anfallen, verrichtet (Prinzip der Nonzentralität als Steigerung von Subsidiarität).

Die Forderungen lauten schlagwortartig:
— Verbot der Privilegierung einzelner Menschen und Gruppen (Gleichheit unter dem Recht)
— Verbot umverteilender Eingriffe (wirtschaftspolitische Neutralität)
— Verbot ideologischer Vorgaben (gesellschaftspolitische Neutralität)
— Vorrang privater marktwirtschaftlicher Lösungen (Privatisierung) in Verbindung mit einem Verbot staatlicher Wirtschaftstätigkeit
— Vorrang des Erkundungsprinzips (evolutionärer Weg)
— Vorrang der niedrigsten Ebene, die näher am Menschen, an der Sache und der Lösungskompetenz der Menschen ist.
— Alles, was der Staat schlechter erledigt, wird in private Hände gelegt. Was der Staat – hoffentlich – kann, die Durchsetzung des Rechts und die Sicherung des Friedens, darauf konzentrieren sich die Staatsdiener als normale Mitarbeiter ohne Sonderstatus.

EINZELASPEKTE

Das Recht der Freiheit bildet das Zentrum einer Staatsreform Dazu gehört:

Das Verbot jedweder staatlichen Diskriminierung und Privilegierung, was ein explizites Verbot von Vorschriften über die vermeintlich richtige Lebensweise der Menschen, v.a. die Gesundheit, die Umwelt sowie die vermeintlich korrekte Sprache, und auch wirtschaftspolitische Eingriffe einschließt. Teil dessen ist die Abschaffung progressiver Steuersätze und von Subventionen. Das ist die Durchsetzung des Wesenskerns der Rechtsidee: Gleichheit statt Privilegien.

Die Wiederherstellung des Nutzer- und Verursacherprinzips (ökonomisch auch als Rechnungszusammenhang bezeichnet). Wer nutz, zahlt. Wer handelt, haftet. Es gibt kein kostenloses Essen. Das gilt für Politik, Wirtschaft und Gesellschaft.

Die stärkere Partizipation der Bürger bei politischen Entscheidungen einschließlich deren Kontrolle, dazu gehören Volksbegehren und Volksabstimmungen.

Die Einführung einer persönlichen Haftung von Politikern und Bürokraten in Verbindung mit ihrer Entprivilegierung. Das Berufsbeamtentum ist ein unzeitgemäßes Privileg und Teil des Problems, nicht die Lösung. Dienstleistungen für die Bürger erfordern einen Systemwechsel.

Eine echte Gewaltenteilung mit einem starken Parlament und einem schwachen, häufig wechselnden Regierungschef. In einer komplexen, dynamischen Welt hilft das Anerkennen von radikaler Unsicherheit und Ambiguität bei Politikentwürfen, gerade um diese zu begrenzen, und deren kaum zu übersehenden Folgen statt Komplexität unrealistisch zu vereinfachen.

Die konsequente Trennung der »vierten« Gewalt vom Staat, d.h. Meinungsbildung bottom up statt top down. Das schließt die Privatisierung der staatlichen, milliardenschweren Fernseh- und Rundfunkindustrie ein genauso wie ein Ende des

Vermittelns und Verkaufens von Regierungspolitik über moderne Propaganda-Organisationen.

Das Verbot eines schuldenfinanzierten Haushalts zur Unterbindung einer Selbstermächtigung des Staates über die vom Wähler delegierte Macht hinaus (Es kann nur verzehrt werden, was vorher erarbeitet wurde) und zur Verringerung von Umverteilungsspielräumen (Respektieren des Eigentums).

Die weitgehende Privatisierung der Sozialsysteme, worin sich die Achtung der Freiheit und Autonomie verantwortlicher Eigentümer ausdrückt, mit echtem Versicherungsprinzip und Kapitaldeckung.

Die Entnationalisierung des Geldes und die damit einhergehende währungspolitische Enthaltsamkeit und damit verbunden die Unterordnung des Marktes unter die Oberherrschaft der Verbraucher.

Als Folge all dessen und gleicherweise als Voraussetzung die Stärkung von Selbstverantwortung und Eigeninitiative der Bürger.

Es ist schwer zu erkennen, woher die politischen Kräfte für eine klassisch-liberale Staatsreform kommen könnten. Neoliberale Reformen hat es in verschiedenen Teilen der Welt gegeben. Allerdings ist das neoliberale Zeitalter erklärtermaßen selbst für Progressive und Sozialisten zu Ende.

SMALL IS BEAUTIFUL

Alternativ und ergänzend bieten sich dezentrale Experimente und Lösungen kleiner Gemeinwesen an. Das Stichwort lautet **Nonzentralismus.** Das ist kein Anti-Zentralismus, das wäre Sezession, sondern die friedliche Neugründung von Kompetenzen auf der niedrigstmöglichen Ebene. Die autonome Gemeinde wird so wieder zur Urzelle des Staates, der Staat dient den Bürgern und nicht umgekehrt. Es ist zugleich die Übertragung des demokratischen Prinzips auf alle Bereiche einer offenen, sich selbst regulierenden Gesellschaft, hier gefasst als Macht- und Meinungsaufbau von unten nach oben mit Volksbegehren, Bürgerentscheiden und bürgerlichem Crowdsourcing.

Die Hanse zeigt, dass nonzentrale Selbstorganisation in Netzwerken erfolgreich möglich ist und eine produktive Alternative zur staatlich-hierarchischen Territorialorganisation darstellt. Integrierte europäische Märkte und eine stabile politische Ordnung entstanden bereits im Spätmittelalter durch unternehmerische Initiative.

Liberale fordern eine Rückbesinnung auf das Verhältnis von Staat und Gesellschaft, das den Westen groß gemacht hat: **Die Gesellschaft schafft sich ihren Staat und nicht umgekehrt.** Die Problemlösungskompetenz liegt bei den Bürgern, bei den Netzwerken der Menschen und ihrem Entdeckungsverfahren, nicht in illusionären Reformprojekten durch den Staat. Die Menschen sind sozial, nicht der bürokratische Staatsapparat. Die Bürger und Verbraucher entscheiden über das Angebot und bezahlen die Leistungen, auch bei der Kultur. Angebot und Nachfrage entwickeln vielfältige Formen von Bildung, nicht eine Experten gestützte Bildungskommission, die das Staatsmonopol zertifiziert.

Die Ausweitung der Freiheit und die Begrenzung von Herrschaft sind im historischen Rückblick regelmäßig erfolgreich gewesen durch das Ausweiten der Meinungsfreiheit. Meinungsfreiheit ermöglicht politischen Wettbewerb und geht einher mit unabhängigen, tatkräftigen Bürgern.

FAZIT UND AUSBLICK

»Wer in Freiheit etwas anderes als sie selber sucht, ist zur Knechtschaft geboren«, urteilte Alexis de Tocqueville. Die Wiederbelebung des Liberalismus gelingt nur, wenn wir uns immer wieder die Prinzipien vergegenwärtigen, sie von anderen politischen Strömungen und Weltanschauungen abgrenzen. Prinzipien

sind zeitlos. Prinzipien müssen zuweilen ergänzt und angepasst werden – diesen scheinbaren Widerspruch kennzeichnet eine Ordnung freier Menschen. Zeitgeist und progressive Haltungen sind indes ungenügende Impulse, um eine Ordnung der Freiheit zu befördern – sie verwässern den Liberalismus. Die Zersetzung des Liberalismus kam in der vermeintlichen Herrschaft des Neoliberalismus beispielhaft zum Ausdruck. Wer den klassischen Liberalismus und seine Konsequenz überwinden will, erweist den Menschen einen Bärendienst. Eine interventionistische und etatistische Politik sollte beim Namen genannt werden mit all ihren Kosten und Konsequenzen und muss nicht, ja darf nicht liberal heißen.

Immer dann, wenn es mehr als liberal, mehr als klassisch oder konsequent liberal sein soll, wird es illiberal. Das verwundert nicht. Sozial-liberal enthält bereits einen Zusatz zum Liberalen. Etwas Soziales soll hinzugefügt werden. Das Ergebnis ist mehr oder weniger Liberalismus gemischt mit viel anderem. In den USA wurde das Wort liberal schließlich für sozialdemokratische Positionen verwendet. Das ist nachvollziehbar. Auch der Begriff Manchester-Kapitalismus wurde ins Gegenteil verkehrt: Die erfolgreiche Massenbewegung für Freiheit und genug Nahrung gegen privilegierte Eliten gilt heute als Schimpfwort bei Ungebildeten.

Was dem sozialdemokratischen Liberalismus innewohnt, das ist der Wunsch die Gesellschaft zu organisieren, sie politisch nach spezifischen Meinungen und Ansichten zu lenken, die Menschen mit allen möglichen »Goodies« zu betüddeln. Damit verbunden ist eine Angst, die vermutlich Ausdruck eines tieferen Unverständnisses ist, der Angst vor der spontanen Ordnung, vor der Selbstorganisation und damit letztlich vor der Freiheit und Selbstverantwortung.

Die Freiheit ist nicht zuletzt deshalb so verteidigenswert, weil sie so viel Unvorhergesehenes mit sich bringt. Das macht manche Abneigung gegen das Zeitlose des (konsequenten) Liberalismus und seiner gelehrten Verfechter verständlich. Freiheit ist eine »unbequeme Idee«. Die Jahrhunderte alte Trennung von Staat und Gesellschaft hat nichts von ihrer Bedeutung eingebüßt. Die Argumente für eine Trennung und für eine Entpolitisierung dürfen erneut geschärft werden, so aussichtslos es auch scheinen mag.

Die zeitlose Aufgabe und aktuelle Herausforderung lautet: **Entpolitisieren!** Denn der Staat ist mit Wilhelm von Humboldt *»bloß ein untergeordnetes Mittel, welchem der wahre Zweck, der Mensch, nicht aufgeopfert werden darf«*. Ein konsequenter Liberalismus unterscheidet sich durch freiheitliche Prinzipientreue für eine humane Gesellschaft von seinen willkürlichen Nebenbuhlern.

Wir brauchen einen Staat der den Bürgern dient. Wir brauchen keinen Staat, der sich sukzessive zur Bedrohung von Freiheit und Wohlfahrt auswächst – als »Staat gegen die Gesellschaft« (Karl-Heinz Ladeur). Ein solcher, liberaler Staat würde auf der Grundlage von Prinzipien und Institutionen handeln, die zurecht als vernünftig, wahr, gut anständig, gerecht und fair bezeichnet werden. Ein solcher Freiheitsstaat wird die Handlungsspielräume aller Bürger als freie, verantwortungsvolle Menschen stärken. Ein mutiger Liberalismus ist eine attraktivere Alternative zu den autoritären und Angst machenden Sozialschmeichlern, Angstschürern und Verbotsfanatikern.

Der Liberalismus *»verspricht nichts, was über das hinausgeht, was in der Gesellschaft und durch die Gesellschaft geleistet werden kann. Er will den Menschen nur eines geben: friedliche, ungestörte Entwicklung des materiellen Wohlstandes für alle, um so von ihnen die äußeren Ursachen von Schmerz und Leid fernzuhalten, soweit das überhaupt in der Macht gesellschaftlicher Einrichtungen steht. Leid zu mindern, Freude zu mehren, das ist sein Ziel«*, konstatierte Ludwig von Mises vor annähernd 100 Jahren.

Vielleicht fehlt den Liberalen etwas anderes. Vernunft haben sie genug. Im politischen Kampf geht es heute längst nicht mehr um den zwanglosen Zwang des besseren Arguments. Vernunft ist nicht mehr Trumpf. Humor wäre der Hit. Freiheitsliebe gepaart mit souveräner Selbstironie und Leidenschaft. Das wäre indes ein anderes Manifest wert. Genauso wie Freiheitsführer, die mit Herz, Haltung und vorbildlichem Handeln den Weg in eine freie Gesellschaft beschreiten.

Bei allem gilt, jeder kann bei sich im Kleinen beginnen. Das Freiheitswerk ist jederzeit und überall möglich.

Wir können alle frei sein.

MICHAEL VON PROLLIUS IN DER EDITION G.

Attack Titans: Mut zur Freiheit
312 Seiten · edition g. 128
20,00 € [D] · ISBN 978-3-7448-3873-3

Von «Zurückhaltung in allen Angelegenheiten» bis «Aus-
wege in eine freie Gesellschaft» greift Michael von Prollius
in kurzen, knackig argumentierten Kapiteln große Themen
aus liberaler Perspektive auf und große Gegner des Liberalismus an.

Michael von Prollius und Stefan Blankertz
Bakunin und Mises in eine Front!?
Die Vincent-Sessions
194 Seiten · edition g. 126
14,80 € [D] · ISBN 978-3-7568-4215-5

Ein Liberaler. Ein Anarchist. Im Gespräch. Feuer und Wasser oder Geistesverwandte? Seit etlichen Jahren treffen sich
in der Berliner Bar «Vincent» der Liberale Michael von
Prollius und der Anarchist Stefan Blankertz. In diesem
Buch präsentieren sie die besten Stücke aus ihren Diskussionen. Die Unterschiede werden klar benannt, die ver-
bindende Haltung der Freiheit betont. Die Themen sind in
kurze, übersichtliche Stücke unterteilt. Sie reichen von der
Frage der Möglichkeit einer Verfassung der Freiheit bis hin
zu der, ob durch ein Miteinander statt Gegeneinander von
Liberalen und Anarchisten sich ein friedlicheres Deutschland hätte erreichen lassen.

VOM GLEICHEN AUTOR

Michael von Prollius, **Auf der Suche nach einer anderen Ordnung**, Fürstenberg 2014.

The Standards: *Klassisch liberale Aufsätze neu interpretiert*, hg. v. Michael von Prollius, Fürstenberg 2014.
Mit Beiträgen von: Helmut Krebs, Wolf von Laer, Malte Tobias Kähler, Alexander Fink, Eduard Braun, Kalle Kappner, Carsten Dethlefs, Christian Hoffmann, Dagmar Schulze Heuling, Alexander Dörrbecker, Edith Puster, Isabell Heuber, Michael von Prollius, Steffen Hentrich, Gérard Bökenkamp, Stefan Blankertz, Gerold Mann.

The Standards II: *Filme aus der Freiheitsperspektive betrachtet*, hg. v. Michael von Prollius, Fürstenberg 2016.
Mit Beiträgen von: Detmar Doering, Stefan Blankertz, Michael von Prollius, Remo Haufe, Karl-Friedrich Israel, Andreas Tögel, Henning Lindhoff, Nur Baysal, Hendrik Hagedorn, Luis Pazos.

Michael von Prollius, **Freiheitsliebe: Ein Querdenker-ABC**, Fürstenberg 2017.

Michael von Prollius, **Mehr Freiheitsliebe: Ein weiteres Querdenker-ABC**, Fürstenberg 2019.

Michael von Prollius, **Noch einmal Freiheitsliebe: Ein letztes Querdenker-ABC**, Fürstenberg 2021.